# LE COMTE
## DE
# LAVERNIE

PAR

**AUGUSTE MAQUET**

II

PARIS
L. DE POTTER, LIBRAIRE-ÉDITEUR
RUE SAINT-JACQUES, 38.

# LE COMTE DE LAVERNIE.

## NOUVEAUTÉS EN VENTE.

|  | fr. | c. |
|---|---|---|
| L'Épée du Commandeur, par *Xavier de Montepin*, 3 vol. in-8, net............ | 13 | 50 |
| Livia, par *Paul de Musset*, 3 vol. in-8, net............ | 13 | 50 |
| La Nuit des Vengeurs, par le *marq. de Foudras*, 5 vol. in-8, net | 22 | 50 |
| La Reine de Saba, par *Xavier de Montepin*, 3 vol. in-8, affiche à gravure, net............ | 13 | 50 |
| Le Maitre Inconnu, par *Paul de Musset*, 3 vol. in-8, net... | 13 | 50 |
| Debora, par *Méry*, 3 vol. in-8, net............ | 13 | 50 |
| La Juive au Vatican, par *Méry*, 3 vol. in-8, net........ | 13 | 50 |
| Le Sceptre de Rosfau, par *Emile Souvestre*, 3 vol in-8, net. | 13 | 50 |
| Jean le Trouveur, par *Paul de Musset*, 3 vol. in-8, net.... | 13 | 50 |
| Les Femmes Honnêtes, par *H de Kock*, 3 vol. in-8, affiche à gravure, etc., net............ | 13 | 50 |
| Les Parents Riches, par *Mme la comtesse Dash*, 3 vol. in-8, net | 13 | 50 |
| Cerisette, par *Paul de Kock*, 6 vol. in-8, affiche à gravure, net. | 30 | » |
| Diane de Lys, par *Alexandre Dumas fils*, 3 vol. in-8, net.. | 13 | 50 |
| Une Gaillarde, par *Paul de Kock*, 6 vol in-8, af. à gravure. | 30 | » |
| Georges le Montagnard, par le *baron de Bazancourt*, 5 vol. in-8, affiche à gravure, net............ | 22 | 50 |
| Le Vengeur du Mari, par *Emmanuel Gonzalès*, 3 vol. in-8, net | 13 | 50 |
| Clémence, par *madame la comtesse Dash*, 3 vol. in-8, net... | 13 | 50 |
| Brin d'Amour, par *Henry de Kock*, 3 vol. in-8, affiche à gravure, net............ | 13 | 50 |
| La Belle de Nuit, par *Maximilien Perrin*, 2 vol. in-8, affiche à gravure, net............ | 9 | » |
| Jeanne Michu, la bien aimée du sacré Coeur, par *madame la comtesse Dash*, 4 vol. in-8, net............ | 18 | » |
| Le Khalifa, par *S. Henry Berthoud*, 2 vol. in-8, affiche à gravure, net............ | 9 | » |
| Raphael et Lucien, par *Michel Masson*, 2 vol. in-8, affiche à gravure, net............ | 9 | » |
| El Ihoudi, par *S. Henry Berthoud*, 2 vol. in-8, net....... | 9 | » |
| Trouble Ménage, par *Maximilien Perrin*, 2 vol. in-8, net... | 9 | » |
| Les Métamorphoses de la Femme, par *X. B. Saintine*, 3 vol. in-8, affiche à gravure, net............ | 13 | 50 |
| Charmante Gabrielle, par *M. J. Brisset*, 2 vol. in-8, affiche à gravure, net............ | 9 | » |
| Le Débardeur, par *Maximilien Perrin*, 2 vol. in-8, affiche à gravure, net............ | 9 | » |
| Nicolas Champion, par *S. Henry Berthoud*, 2 vol. in-8, affiche à gravure, net............ | 9 | » |
| La Famille du Mauvais Sujet, par *Maximilien Perrin*, 2 vol. in-8, net............ | 9 | » |
| Un Coeur de Lièvre, par *Maximilien Perrin*, 2 vol in-8, net | 9 | » |
| Diane et Sabine, par *Michel Masson*, 2 vol. in-8, net...... | 9 | » |

## OUVRAGES SOUS PRESSE.

|  |  |  |
|---|---|---|
| Le Garde Chasse, par *Elie Berthet*............ | » | » |
| L'Homme de Feu, par *G. de la Landelle*............ | » | » |
| La Fille de l'Aveugle, par *Emmanuel Gonzalè*......... | » | » |

# LE COMTE

## DE

# LAVERNIE,

PAR

Auguste MAQUET.

II

Paris,

L. DE POTTER, LIBRAIRE-ÉDITEUR,
Rue Saint-Jacques, 58.

# I

LE CHATEAU DE LAVERNIE (*suite*).

Amour se releva pour crier à Jaspin tout ce qu'il pensait de sa conduite. L'abbé finit par trouver un point d'appui et regagna son échelle ; il mit enfin pied à terre, avec un plein panier de magnifiques cerises, qu'il offrit triomphalement à la comtesse.

— Vous voilà bien avancé, Jaspin, dit madame de Lavernie, et c'est une belle besogne. Jamais je ne mange de fruits, vous le savez bien.

L'abbé, sans rien perdre des grâces de son sourire, qui s'épanouissait sur la plus honnête figure du monde, alla jusqu'au bassin, dans lequel plongeait un autre panier bien fermé. Il souleva ce panier, d'où s'échappait un bruit de frétillements et de soubresauts bizarres.

— Qu'y a-t-il là-dedans! mon Dieu, demanda madame de Lavernie.

Jaspin souleva le couvercle d'osier avec des précautions infinies, et fit voir à la comtesse trois énormes poissons aux nageoires rouges, à l'échine noire, au ventre blanc, qui roulaient de gros yeux furieux et humaient largement la fraîcheur.

— Du poisson! Eh bien, après, l'abbé? Vous savez bien que je ne mange pas plus de poisson d'eau douce que de cerises.

— C'est égal, dit-il, voilà une matinée

bien employée ; j'ai eu deux idées... Ah ! ah ! moi qui n'en ai jamais à ce qu'on dit. Que penses-tu de cela, Amour ?

Amour était venu, en effet, examiner avec inquiétude ces animaux si remuans et les flairait avec un dédain superbe. Interpellé par Jaspin sur la valeur de ses idées, il le regarda fixement et lui tourna le dos. Si les chiens avaient le sourire, Amour eût ri au nez de Jaspin.

— Et quelles idées ? mon cher Jaspin, dit la comtesse aussi incrédule qu'Amour, mais avec plus de formes.

Jaspin montra ses deux paniers.

— Madame, dit-il, le meunier a levé hier ses vannes pendant trois heures. J'étais au bord de l'eau, et je mangeais des cerises... non, des petites prunes. Je mange toujours celles qui sont gâtées, mais quelquefois elles le sont trop, et je les jette. J'en jetai donc dans l'eau deux ou trois. D'ordinaire, elles surnagent, et je m'amuse à les voir suivre le fil de l'eau en tournoyant jusqu'à l'écluse où elles s'engouffrent. Eh bien, hier, je les voyais disparaître à mesure que je les jetais. C'est cela qui me fit venir une idée, — ma première, — ces prunes-là, me dis-je, sont avalées par des poissons, mais, quels poissons? Des carpes? elles ne sont jamais si près des vannes; elles aiment l'eau tranquille et la vase. — Des brochets? ils ne mangent que du vif ou de la chair. — Des tanches? elles ont le museau trop étroit. — Des perches?..

— Mon cher abbé, au lieu de me dire quels sont les poissons qui n'ont pas touché à vos prunes, dites-moi tout de suite ceux qui les ont mangées.

— Des chevannes, madame! qu'on appelle ici des meuniers — une espèce rare chez nous — des poissons d'eau courante qui se vendent admirablement bien. Alors, je me suis monté une bonne ligne, avec un hameçon n° 1, j'ai coupé un scion de troëne, et je suis venu cueillir des cerises pour amorcer.

— Parce que vos chevannes aiment les prunes?

— Oh! madame, la prune a un trop gros noyau qui gênerait le jeu de l'hameçon; j'ai donc amorcé avec des cerises, et voyez, j'ai pris trois monstres, des chevannes de vingt-quatre sous la pièce, tout au moins.

— Ah çà, dit la comtesse, voilà deux fois que vous me parlez du prix de ces poissons, est-ce que par hasard vous les voulez vendre?

— Précisément, madame la comtesse, et mes cerises aussi.

— Comment, l'abbé, vous faites votre bourse?

Le visage du brave homme ne s'assombrit pas à ce reproche.

— Pas la mienne, 'dit-il, en souriant.

— La mienne donc, ou celle de Gérard, car vous n'aimez guère que ces trois personnes-là, vous, moi et lui? J'oubliais Amour, à qui vous voulez peut-être constituer des rentes de gimblettes.

—Non, madame, non. Je fais la bourse de madame de Maintenon.

Madame de Lavernie fit un geste de surprise, et chercha vivement le regard de l'abbé, qui parut donner toute son attention aux cerises et aux chevannes.

—La bourse de madame de Maintenon! répéta la comtesse.

— N'avez-vous pas le portrait de cette dame au salon ? dit Jaspin.

— Oui, certes. Eh bien !

—Ce portrait, n'y tenez-vous pas beaucoup ?

—Assurément, madame de Maintenon fut une de mes amies les plus tendres avant mon mariage, et le portrait est une des meilleures toiles de Pierre Mignard. Mais quel rapport voyez-vous entre madame de Maintenon et les chevannes que vous pêchez à la ligne, entre vos cerises et le portrait que nous avons ?

— Madame, dit Jaspin, en prenant un air solennel, le cadre de ce portrait n'est plus doré ; les sculptures en sont éraillées ; tout cela n'est pas digne d'une pareille dame...

—Eh ! répliqua mélancoliquement madame de Lavernie, pour moi, cette peinture n'est qu'un souvenir—effacé comme l'amitié de celle qui m'en fit présent — vieilli comme elle et moi nous le sommes. Un portrait d'amie qui n'est plus une amie. — Que représente-t-il, abbé ? une jeune et belle femme, madame Scarron, la perle qui brillait au milieu de tant d'autres, à l'hôtel d'Albret, chez mon grand

oncle, au temps où j'étais jeune aussi —
au temps où M. de Lavernie vivait et m'aimait.—Oh! mon pauvre Jaspin, couleurs
passées, visages ridés, amitiés dénouées
par l'oubli! Tout cela, comme le cadre,
a perdu sa dorure.

— Et moi, madame, répliqua Jaspin,
j'ai dit que j'achèterais un cadre pour le
portrait de cette dame, et je l'achèterai.

— Je voudrais bien savoir quel intérêt
vous prenez à une peinture que jamais
vous ne regardez, ce me semble?

— D'abord, madame, c'est un bel ouvrage, une belle tête, une tête de reine, — à ce que disait avant son départ M. Gérard.

— Ah ! Gérard disait cela ?

—Il le disait, et il ne savait pas si bien dire.

— Comment cela, Jaspin ?

L'abbé s'approcha de la comtesse, et lui dit à l'oreille :

— Madame de Maintenon est reine de France.

— Etes-vous fou? s'écria madame de Lavernie en reculant stupéfaite.

— Reine, non déclarée encore, mais cela ne tardera guère. S. M. a épousé madame de Maintenon, c'est un fait; eh bien! le mariage va être publié.

— De qui tenez-vous cette nouvelle?

— Madame la comtesse, ne m'interrogez pas, c'est un secret.

— Un secret que vous ne m'auriez pas confié? dit la comtesse en souriant, c'est impossible. Il faut donc qu'il ne date pas de bien loin.

— Vous ne me croyez pas capable de garder un secret longtemps ? répliqua le bonhomme avec une douce finesse, et un regard plein de mélancolie.

— Pour moi, non.

— Oh! madame! murmura Jaspin qui, pour étouffer un soupir, fut contraint de se retourner.

— A moins que ce ne soit un secret de confession, poursuivit la comtesse.

— Justement, c'en est un.

—Bon ! vous n'avez confessé personne depuis huit jours, personne, du moins, qui sache les secrets de l'Etat...

L'abbé hocha la tête.

— Je me trompe, dit la comtesse, vous avez confessé hier en le mariant dans ma chapelle, votre filleul Desbuttes, le commis aux aides, l'ancien valet de chambre de monseigneur l'archevêque de Paris ; vous avez confessé aussi sa jolie petite femme Violette, mais elle pleurait trop fort en se mariant, la pauvre fille, pour que je la croie une grande politique. Desbuttes vous aura confessé qu'il a un peu volé M. de Harlay, son dernier maître, qu'il volera beaucoup le roi dans les vivres de l'armée de Flandre où M. de Louvois l'envoie. Violette vous aura confessé qu'elle aime ou a aimé un autre que son mari...

—Madame, interrompit l'abbé, Violette Gibert est une honnête fille qui n'épouse Desbuttes que parce qu'il fait une pension à son père invalide et aveugle.

— Précisément; elle est trop honnête,

et Desbuttes ne l'est pas assez, pour qu'on leur ait confié les secrets du roi et de madame de Maintenon. Les voilà mariés par vous ; je souhaite que vous leur portiez bonheur. Mais revenons à cet autre mariage un peu plus important, je crois. Ce n'est qu'un bruit? rien n'est positif?

—Consommé, madame, consommé! Le roi est ravi ; madame de Maintenon rayonne, et M. de Louvois est tellement furieux qu'il a disparu, et qu'on ne sait pas où le désespoir peut l'avoir conduit. Or, voici mon avis à moi sur toutes ces affaires: Si madame de Maintenon est reine de France, comme elle a été beaucoup votre amie, il serait possible qu'elle s'en souvînt un peu.

Madame de Lavernie secoua la tête.

— Excusez-moi, madame, il me semblait avoir ouï dire que vous aviez reçu d'elle une lettre en même temps que ce portrait ?

— A la mort de mon fils, oui, voilà dix-sept ans. — C'est tout.

— Eh bien ! c'est assez ; l'amitié d'une reine de France vaut quelque chose.

— Pour moi ?

—Sinon pour vous, du moins pour votre fils. M. Gérard est au service ; on n'avance pas aujourd'hui sans protection, et la protection de la reine peut faire un maréchal de France. Ah! mais, songez-y! Voilà pourquoi j'ai pêché ce matin des chevannes et cueilli des cerises que je vendrai six livres. J'amasserai de la sorte huit pistoles que coûtera un beau cadre neuf, et quand on a chez soi le portrait de la reine donné par la reine... avec une lettre de la reine: si l'on n'arrive pas à quelque chose, il faut avoir du malheur, Cristol!

Cristol était le grand juron de l'abbé. Toute colère et toute joie, tout embarras et tout triomphe se ponctuaient chez lui par cette ingénieuse et sonore exclamation. Il dit, et sortit pour l'heure de la messe.

Madame de Lavernie n'écoutait pas. Elle s'était absorbée tout entière dans une rêverie profonde. Elle rentra seule au salon et vint s'arrêter devant le portrait qui avait donné lieu à tant de commentaires.

Ce noble visage, pensif et enjoué à la fois, souriant dans son vieux cadre, emplissait l'ame de lumière et de grandes idées. Madame de Lavernie, dans l'auréole de la coiffure, chercha la place d'une couronne.

— Oh! dit elle tout bas, Françoise d'Aubigné, femme Scarron, veuve Scarron, gouvernante d'un enfant royal, amie et maîtresse du roi, marquise de Maintènon, reine de France, tu ne me donneras plus d'inquiétude désormais. Jouis en paix de ta gloire, sois heureuse! si heureuse, que ta mémoire rejette tous les jours passés. Reine de France, Dieu te donne santé, puissance, longue vie, pourvu que je garde Gérard!

Et, sur ces mystérieuses paroles, la comtesse demeura debout, l'œil avidement plongé dans les traits de cette peinture, à laquelle, ainsi qu'à une idole, s'adressait la plus fervente des prières.

Elle entendait la petite cloche de la chapelle que sonnait l'abbé Jaspin, et se préparait à traverser le parterre pour assister à la messe, quand tout-à-coup un cheval emporté, sanglant, se précipita sur le pont de la petite rivière, et pénétra dans la cour du château où il tomba expirant dès que son cavalier lui eut abandonné les étriers et les rênes.

II

## LA COLÈRE DE LOUVOIS.

La comtesse entendit le pas précipité d'un homme dans son vestibule. Elle n'eut pas le temps de s'écrier, que déjà cet homme, pâle, tremblant, accourait à elle avec tous les signes de la plus terrible émotion.

— Madame de Lavernie? dit-il en balbutiant, car il n'avait plus ni pouls ni haleine.

— C'est moi.

— Votre fils, M. Gérard de Lavernie, vous a écrit qu'il aimait une jeune fille ?

— Oui.

— Pensionnaire aux Filles-Bleues.

— Oui.

— Je vous amène cette jeune fille qu'on voulait enlever à votre fils.

— Mais...

— Mademoiselle de Savières, venez demander à madame ses bontés et sa protection.

Et Belair attira vivement à lui la religieuse qui frissonnait, se cachait le visage, et cherchait un appui pour ne pas tomber sur le parquet.

— Monsieur, s'écria madame de Lavernie, parlez donc, vous me faites mourir.

— Madame, c'est que j'étouffe. Mais voici en deux mots : Votre fils, retenu à l'armée de Catinat, m'a demandé de vous conduire cette jeune fille : dites à Gérard que j'ai tenu ma parole.

— Où allez-vous ?

—Je m'enfuis. N'entendez-vous pas sur la route, au loin, le galop des cavaliers qui me poursuivent ?

- Que veulent-ils vous faire?

— Me tuer au plus, m'enprisonner au moins.

— Pourquoi?

— Demandez-le à M. de Louvois, répondit Belair.

Antoinette écouta; la comtesse écouta. Une muette terreur pâlissait ces trois visage. Il était facile en effet d'entendre le galop lointain de plusieurs chevaux.

— Je suis entré, dit enfin Belair, c'est

bien; mais indiquez-moi, madame, par où je puis sortir : et, si vous avez un bon cheval, veuillez me le prêter. Je tâcherai de ne pas vous le crever comme j'ai fait des autres.

— Fermez la grille du château! commanda la comtesse à ses gens, qui entouraient avec surprise le cheval expiré dans la cour. Vous, monsieur, je vous cacherai ici, dit-elle à Belair avec fermeté. Sortir de la maison, ce serait vous perdre.

— Et mademoiselle?

— Oh! mademoiselle!... ainsi que me

l'a écrit mon fils Gérard, elle n'a pas de parents, elle n'a pas de liens sur la terre. Mon fils me l'a recommandée. Elle est chez moi ! on la respectera chez moi !...

Belair, avec doute :

— N'y comptez pas trop, murmura-t-il.

— Allons donc ! répliqua la comtesse avec la confiance d'une âme irréprochable, on me prendrait mademoiselle dans ma chambre ? Jamais !

Quant à vous, monsieur, ne perdez pas

de temps; entrez dans ce couloir, il aboutit à un caveau situé sous la chapelle; vous serez là sous la protection de Dieu, à l'abri du tombeau de M. le comte de Lavernie.

Elle ouvrit une porte pratiquée en pleine pierre dans le vestibule, fit signe à Belair de descendre dans le caveau, et saisit la main d'Antoinette qui s'était agenouillée devant elle comme devant la reine miséricordieuse des cieux.

Aussitôt un grand bruit de chevaux retentit dans l'avenue. Quatre archers, précédés d'un cavalier sans armes, s'arrêtèrent au petit pont.

— Ouvrez ! cria l'un des archers.

Madame de Lavernie ne répondit pas.

— Ouvrez donc ! cria encore l'archer qui perdait patience.

Même silence dans le château.

—Annoncez à madame de Lavernie monsieur le marquis de Louvois, dit à son tour la voix impérieuse du cavalier qui avait mis pied à terre.

— Ouvrez ! dit la comtesse à ses gens, qui s'élancèrent tous vers la grille. Mademoiselle Antoinette, montez au premier étage, s'il vous plaît, et ne craignez rien.

On ouvrit la grande porte, les archers demeurèrent à la grille, M. de Louvois entra dans le vestibule.

Sur le seuil de la salle, il trouva la comtesse qui l'accueillit par une profonde révérence à laquelle M. de Louvois répondit aussi cérémonieusement. Puis, comme s'il eût été pressé d'en finir avec les formalités :

— J'ai eu l'honneur de vous dire mon nom, madame, et si loin que ce pays soit de Versailles, madame la comtesse de Lavernie, veuve et mère d'officiers, ne peut ignorer ce que signifie mon nom dans l'armée.

En disant ces mots, il s'essuya le visage que la sueur inondait, et il chercha des yeux un fauteuil, comme pour reprocher qu'on ne le lui eût pas encore offert.

La comtesse comprit, mais ne parut pas vouloir traiter en ministre celui qui venait de parler ainsi. Elle répliqua tranquillement :

— Monsieur, personne en Europe ne peut ignorer le nom de Louvois; mais la comtesse de Lavernie ne saurait deviner pourquoi M. de Louvois lui fait l'honneur d'une visite, avec une escorte presque menaçante.

— Mon Dieu, madame, dit brusquement Louvois, je vais vous expliquer tout cela; mais faites-moi, je vous prie, la grâce de permettre que je m'asseoie ; je suis très-gros et j'ai boucoup fatigué.

La comtesse roula un fauteuil dans lequel M. de Louvois s'installa, aussitôt qu'il eut salué encore.

— Madame, dit-il, vous avez reçu chez vous deux personnes que je cherche.

— Deux personnes? demanda la comtesse en tremblant, mais décidée à gagner du temps.

— Une jeune fille et un jeune homme, celui-ci enlevant celle-là. L'une est une religieuse que j'ai dessein de reconduire à son couvent, l'autre est un mauvais sujet que je veux faire pendre.

La comtesse ne répondit pas.

— Je connais trop bien la maison de Lavernie, continua le ministre, pour être assuré que jamais on n'y protégera les malfaiteurs. Voilà pourquoi j'ai demandé qu'on m'ouvrit votre porte, madame. Bien heureux d'avoir eu l'honneur de vous entretenir.

Nouveau salut, que le ministre fit cette fois en se soulevant à demi sur son fauteuil.

—Des malfaiteurs? répliqua seulement la comtesse, qu'ont-ils fait?

M. de Louvois fronça ses noirs sourcils: peu habitué aux longs discours et aux résistances, il s'étonnait de n'avoir pas été encore obéi.

— J'ai eu l'honneur de vous dire déjà, madame, que l'un enlevait l'autre. J'ajouterai que pour enlever cette religieuse, le malfaiteur—il appuya sur ce mot — a tué un homme.

— Je ne croyais pas que la demoiselle dont vous parlez fût religieuse, répondit madame de Lavernie, avec une voix calme que démentait son visage pâle et l'affreux battement de son cœur.

Le marquis de Louvois frappa du pied le parquet.

— Je l'ai dit, ajouta-t-il.

— Elle eût été religieuse, poursuivit

madame de Lavernie, si ce jeune homme ne l'eût pas enlevée. On n'est religieuse qu'à condition d'avoir fait des vœux.

Le marquis regardant la comtesse fixement avec un commencement de colère :

— Je ne vois pas, madame, interrompit-il, pourquoi vous me dites tout cela. Savez-vous mieux que moi, par hasard, ce que je viens vous apprendre ?

— Mieux que vous, monsieur, non, peut-être, car, en effet, vous devez en savoir plus long que moi sur ces mystères, mais...

— Ces mystères ! Vous vous servez de mots étranges, madame, s'écria Louvois. Mystères ! Où trouvez-vous des mystères là dedans, je vous prie ? Une fille est au couvent ; un ravisseur l'enlève et tue un homme. La justice du roi poursuit ce ravisseur et reprend cette fille. Voilà, ce me semble, qui est plus clair que toute chose au monde.

— Vous ne me disiez pas, monsieur, que vous agissez au nom du roi, répliqua la comtesse, et que le ministre de la guerre est grand chancelier de France... Vous pensez bien que je n'eusse pas contesté sa qualité de justicier à monsieur votre père, par exemple.

—Assez de subtilités, je vous prie, madame, dit brutalement Louvois qui secouait sa perruque et sa politesse tout ensemble. Je ne suis pas venu ici pour argumenter, mais pour agir. Ministre de la guerre ou procureur, je vous demande la fille fugitive et le larron qui l'a enlevée. Rendez-les et recevez mes respectueux compliments.

Il prononça cette phrase courtoise du ton qu'il eût pris pour envoyer un grenadier à tous les diables, et comme c'était l'ultimatum de sa pensée, il se leva, croyant n'avoir plus, en effet, qu'à recevoir les deux coupables et à partir.

La comtesse se leva aussi et répondit :

— Le jeune homme que vous cherchez, monsieur, n'est plus au château.

— Vous l'avez fait fuir?

— Immédiatement.

— Je le retrouverai. Mais la demoimoiselle... vous ne me ferez pas croire qu'après cette rude course elle ait pu s'enfuir aussi... D'ailleurs, c'est ici qu'on la voulait cacher.

— Je ne vous ferai rien croire du tout,

monsieur, dit la comtesse outrée de l'impolitesse, et la jeune fille est bien réellement chez moi.

— J'attends, madame, que vous me la rendiez.

—Vous auriez tort d'attendre, monsieur, car je ne vous la rendrai pas.

Louvois stupéfait laissa tomber ses deux bras à ses côtés. Mais bientôt l'orage éclata. Les veines de son front se gonflèrent, ses yeux lancèrent des feux sinistres, le vent de la colère secoua ses muscles, que l'on vit palpiter et tressaillir:

— J'ai mal entendu murmura-t-il en couvant d'un sombre regard cette femme plus tremblante que lui, mais blanche autant qu'il était rouge. Vous dites que vous ne rendrez pas mademoiselle de Savières à M. de Louvois?

La comtesse affirma de la tête.

—Parce que votre fils, s'écria Louvois, aime cette fille, et qu'il a chargé son ami de l'enlever.

— Précisément, dit la comtesse.

— Mais à qui est-elle donc, cette fille, pour que votre fils la prenne?

— Il la prend parce qu'elle n'est à personne, répliqua la comtesse ; sans quoi, le comte de Lavernie est d'assez bonne maison, il est un assez honnête homme, il a trop de mérite pour que sa mère, si cette demoiselle avait des parents ou un tuteur, n'eût pas obtenu mademoiselle de Savières pour M. Gérard de Lavernie.

—Jamais! jamais! s'écria Louvois.

— Qu'en savez-vous ? demanda flegmatiquement la comtesse ; êtes-vous tuteur ou parent de la jeune fille ? Dites-le, pour que nous vous fassions notre demande.

Louvois, qui depuis quelques minutes faisait d'héroïques efforts pour dompter sa terrible nature et qui avait réussi, se remit dans le fauteuil, et baissant le ton :

—Voyons, dit-il, madame la comtesse, au lieu de nous emporter, ce qui ne mène à rien, raisonnons, cela mène à tout.

Il desserra sa cravate qui l'étranglait, s'éventa du coin de son mouchoir et reprit avec une voix saccadée :

— J'emmènerai aujourd'hui la jeune fille que vous avez ici; je l'emmènerai parce que vous n'avez aucun droit de la retenir. Vous ne la gardez que pour plaire à votre fils, car vous tenez à plaire à votre fils, n'est-ce pas?

— Pardessus tout au monde.

—Fort bien. Or, je ne veux pas que votre fils épouse cette demoiselle. J'ai mes raisons.

— Dites-les, au moins.

— Il ne me plaît pas, repartit Louvois avec hauteur, et je trouve indiscrète votre question. Madame, vous oubliez trop que je suis ici, moi, Louvois, demandeur en mon propre nom et demandeur au nom du roi. Je vous répète que votre fils n'aura pas mademoiselle de Savières : croyez-moi. Quant à vous acharner à la garder pour ne point désobliger M. de Lavernie, vous y renoncerez. Je suis, vous l'avez dit, le ministre de la guerre, M. de Lavernie est officier: je le retrouverai partout, et j'ai une mémoire implacable. Je pense m'expliquer sans détours: vous comprenez que je ne me suis pas dérangé, que je n'ai pas fait cent cinquante lieues pour échouer contre le manoir de Lavernie : mes volontés sont plus solides que vos grilles. Mademoiselle Antoinette en mes mains c'est la fortune de votre fils s'il est sage, discret et circonspect—et s'il sert bien le roi : c'est sous entendu—mademoiselle Antoinette refusée, c'est la ruine de votre famille, c'est l'inimitié entre vous et moi : appréciez.

— Ah ! monsieur, vous menacez une femme, dit la comtesse en appuyant ses deux mains sur son cœur, vous la menacez dans son fils qu'elle aime uniquement... vous parlez ici au nom du roi, pour lequel mon mari est mort, pour qui mon fils se fait tuer en ce moment peut-être !... Mais si le roi vous entendait, monsieur, il vous défendrait d'insulter chez elle, en face du tombeau de son mari, une femme de noblesse, la veuve d'un fidèle soldat !... Monsieur, n'abusez pas de votre autorité ; les plus hauts sommets sont les plus tôt frappés de la foudre.

Louvois sourit dédaigneusement. Il repoussa son fauteuil, et s'approchant de la comtesse, émue jusqu'aux larmes, car elle était à bout de ses forces :

— La paix ou la guerre ? dit-il ; un prolecteur ou un persécuteur pour votre fils?

La comtesse cacha son visage dans ses mains.

— Oh! murmura-t-elle, Dieu vous punira d'avoir ainsi forcé une mère à sacrifier le bonheur de son enfant!

— Le bonheur, ce n'est pas l'amour ridicule, dit Louvois d'un air sombre. Ces amours cachés et illicites sont la source de tout malheur. Si votre fils perd cette fille, il en trouvera vingt autres. S'il a

Louvois pour ennemi, où trouvera-t-il un défenseur?

A ce moment, la comtesse éplorée levait les yeux au ciel. Son regard rencontra celui du portrait à qui Louvois tournait le dos. Une pensée soudaine, une sorte d'éclair qui jaillit du cadre illumina l'esprit de la pauvre femme.

— Un défenseur pour Gérard, s'écria-t-elle d'une voix inspirée ; oh ! oui, monsieur, oui, j'en ai un !

Et son bras étendu montrait au ministre le portrait qu'il n'avait pas vu encore.

— Madame de Maintenon ! murmura-t-il.

— Mon amie, ma vieille amie, la compagne de ma jeunesse, celle dont j'ai tous les secrets, et qui, en échange d'un dévoûment de trente années, me doit au moins de protéger mon fils.

— Vous connaissez madame de Maintenon à ce point ? dit Louvois, pâle et saisi d'angoisse.

— N'est-ce pas que vous me trouvez moins abandonnée que tout-à-l'heure ? s'écria la comtesse, à qui les paroles de Jaspin revinrent en mémoire. Madame de Maintenon, la femme de Louis XIV, ne sera-t-elle pas un contrepoids à la colère de M. le ministre de la guerre ?

—Prenez garde ! répondit Louvois dont la fureur s'allumait à ces imprudentes paroles, prenez garde, si vous aimez votre repos et votre fils !

— Ah ! je ne vous crains plus, continua le comtesse ivre de joie. Menacez tant qu'il vous plaira. Fulminez, éclatez ;

la foudre dont je vous parlais il n'y a qu'un moment, je l'ai trouvée, elle est dans les yeux de ce portrait. Elle éteindra en se jouant toute votre artillerie et tous vos tonnerres ! Quoi ! vous êtes venu briser le cœur d'une veuve, d'une mère, d'une femme sans appui, et vous vous révoltez à l'idée que Dieu me vient en aide ! Touchez à ma maison si vous voulez : madame de Maintenon est là. Persécutez M. de Lavernie, l'officier : la femme du roi défendra mon fils ! Aman et Esther aux prises ! nous verrons !

Il n'en fallait pas tant pour faire bouillonner en Louvois la haine et la vengeance.

Louvois exécrait madame de Maintenon et la voulait perdre ; Louvois s'était jeté aux pieds de Louis XIV, pour le supplier de ne point épouser cette femme. Qu'on juge de l'effet que produisirent sur cette âme ulcérée tant de menaces faites au nom de son ennemie.

— Puisqu'il en est ainsi, répondit-il avec une explosion de rage, nous n'avons plus rien à ménager l'un et l'autre. Ah ! vous êtes l'amie de madame de Maintenon ; ah ! vous vous targuez de son portrait et de sa protection ; ah ! vous attaquez Aman sous l'égide d'Esther : on connaît donc les tragédies de Saint-Cyr en ce pays de sauvages? Eh bien ! si M. Racine est un grand poëte, nous tâcherons qu'Aman soit un grand ministre. Pour être grand, madame, il faut commencer par être fort. Essayons !

Il s'élança vers la fenêtre du salon qui donnait sur la grille, et d'une voix retentissante, avec un geste effrayant de volonté :

— Archers ! cria-t-il, à moi !

—Que prétendez-vous faire, dit la comtesse en s'avançant vers lui.

— Vous allez le savoir.

Les archers entrèrent dans la cour.

— Maintenant, madame, veuillez remettre en mes mains la religieuse fugitive que je vous demande au nom du roi.

—Quoi! répliqua la comtesse suffoquée par la douleur et incapable de se soutenir, vous osez faire entrer des archers dans ma maison.

—Obéissez! dit le marquis de Louvois.

— Jamais ! quand vous devriez me tuer sur la place.

—Alors, la violence vous contraindra, madame, et il ne sera pas dit qu'une porte de château soit restée fermée devant un ordre du roi, quand c'est moi qui le donne.

— Monsieur, vous passerez sur mon corps avant d'arriver à cette jeune fille, s'écria la comtesse dans le paroxisme de la colère.

— Non, madame vous serez respectée comme si vous aviez été une fidèle et obéissante sujette de Sa Majesté. Mais, ce que je veux s'accomplira.

— Je me défendrai. A moi ! à moi !

Aussitôt l'on entendit un pas rapide dans l'escalier. Jaspin descendait en toute hâte, le front perlé de sueur, les yeux hagards, les mains tremblantes. Derrière lui, Antoinette aussi pâle, mais l'œil brillant d'énergie. Ces deux personnes se jetèrent aux côtés de la comtesse, Jaspin lui saisit la main, Antoinette la serra dans ses bras.

— Mademoiselle, dit Louvois qui devint livide en apercevant la jeune fille, vous voyez ce qui va se passer, désobéirez-vous à ce prix? souffrirez-vous que le malheur tombe pour vous sur cette maison? Je vous somme de me suivre!

— Je suis prête! dit Antoinette, en le foudroyant d'un regard qu'il ne put soutenir.

Et elle se dégagea des bras de madame de Lavernie, après l'avoir tendrement embrassée.

—Je vous défends, s'écria la comtesse,

de quitter cette maison ; je vous le défends, au nom de mon fils, qui vous a envoyée ici.

— Votre fils, répliqua Louvois, n'est pas, que je sache, le maître de faire ce qu'il veut en France. Abrégeons! mademoiselle, je vous attends.

Et il alla vers Antoinette, dont il prit la main, pour l'entraîner vers la porte.

La comtesse, à cette vue, poussa un cri déchirant : on eût dit que son cœur venait d'éclater ; quelque chose, comme un gémissement sourd, s'échappa de sa poitrine, une pâleur de cadavre envahit ses mains et son visage, ses lèvres violettes prirent la rigide contraction de l'agonie.

— Monsieur de Louvois, vous êtes un monstre! s'écria Jaspin en serrant ses petits poings potelés : vous avez tué madame la comtesse.

Le visage de Louvois s'altéra ; l'arc inflexible de ses sourcils noirs se détendit; on vit ses yeux se gonfler ; un combat violent de l'orgueil et de la honte tortura cette âme puissante. Cependant, il triompha de son émotion et continua d'emmener Antoinette en murmurant :

— Pourquoi m'a-t-on poussé à bout?...

La jeune fille, en s'éloignant, presque emportée, envoyait les derniers baisers à sa protectrice mourante. Chez la comtesse, le regard seul vivait encore. Toute sa tendresse, toute sa vaillance, toute son âme, s'étaient réfugiées dans le regard dont elle accompagnait la jeune fille, tandis que le corps glissait insensiblement des bras de Jaspin éperdu sur le parquet du salon.

— Au secours ! au secours ! cria l'abbé d'une voix lamentable, madame la comtesse se meurt !

M. de Louvois venait d'ouvrir la porte et gagnait le palier.

Aussitôt, du vestibule un homme se précipita dans la salle ; ces derniers mots avaient frappé son oreille.

— Ma mère ! s'écria Gérard de Lavernie, qui, d'un bond, courut à la comtesse et la souleva dans ses bras vigoureux.

— Sauve-nous! répliqua la mère.

La pauvre femme exhala, dans un soupir de triomphe toutes les forces qui lui restaient. Elle se pendit au col de Gérard, s'y cramponna de ses doigts convulsifs, essaya un baiser qui expira dans l'air, et resta muette, insensible, au milieu de ses femmes, accourues pour lui donner leurs soins.

Gérard se releva, vit, à la porte, Louvois, qui serrait encore la main d'Antoinette, et que cette brusque arrivée avait cloué sur le seuil, comme l'éclair d'un châtiment divin.

Il comprit toute la scène qui venait de se passer, et marcha, le front pâle, l'œil éblouissant, les bras croisés, vers le marquis de Louvois, qui l'attendait de pied ferme.

— C'est M. de Louvois, lui glissa Jaspin à l'oreille.

— Je l'ai bien reconnu, répliqua tout haut Gérard, et je voudrais bien savoir ce que vient faire chez moi M. de Louvois : pourquoi il enlève, malgré elle, la jeune fille que voici, et pourquoi je trouve ma mère expirante!

— Répondez-moi vous-même, dit le marquis avec une froide hauteur ; et, comme vous parlez à votre supérieur, ôtez votre chapeau, lieutenant Lavernie.

Gérard se découvrit et s'inclina.

— C'est vrai, dit-il, les dents serrées, j'oubliais que je suis chez moi. Je m'en souviendrai tout-à-l'heure.

— De quel droit vous trouvez-vous ici ? poursuivit Louvois. N'êtes-vous point un déserteur ? L'armée d'Italie est-elle revenue ? où est votre congé ?

— J'ai mieux que mon congé, répondit Gérard, M. de Catinat m'a chargé d'aller à Valenciennes, où vous lui avez commandé de vous adresser ses dépêches, et je suis sur la route de Valenciennes.

— Vous avez un message pour moi et vous vous arrêtez en route, et vous ne me l'avez pas encore remis? dit Louvois.

—Le voici, répliqua Gérard, en tirant de son juste-au-corps une lettre de Catinat.

C'était la relation du combat de Staffarde : cette victoire brillante et décisive qui enlevait le Piémont au duc de Savoie.

Louvois, impassible, lut sa dépêche au milieu du silence de tous, comme s'il eût été dans son cabinet. Il lut avec l'attention imperturbable, avide, de l'homme d'affaires, et, quand il eut terminé :

— M. de Catinat prétend que vous avez rendu au roi les plus grands services, dit-il ; malheureusement pour vous, le crime que vous venez de commettre, en faisant enlever cette religieuse, efface tous vos mérites. Au surplus, le roi jugera.

— A présent, que vous avez fait le service de Sa Majesté, dit Gérard d'une voix menaçante, à présent, que vous avez reçu la dépêche que j'avais ordre de vous porter, je n'ai plus affaire à vous, monsieur, et vous n'avez rien à exiger de moi. Je suis dans ma maison, je pourrais vous demander raison de votre conduite.

— Je crois que vous menacez, s'écria Louvois, que retenait Antoinette, tandis que la comtesse étendait instinctivement des mains suppliantes vers Gérard.

—Vous me comprendriez, si vous étiez

un homme d'épée au lieu d'être un robin, continua Gérard, de plus en plus agressif; vous me comprendriez, si vous n'étiez pas le lâche qui vient faire peur à une femme avec des archers.

— Mon fils, s'écria la comtesse, épouvantée.

— Vous m'insultez, monsieur, répondit le marquis de Louvois, pâle et froid dans sa terrible colère... Je ne suis pas venu pour faire peur à une femme; je suis venu punir le rapt et le sacrilége, et, comme vous vous êtes oublié envers moi, au nom du roi, je vous arrête.

Gérard répondit au marquis par un cri de rage, et mit la main à son épée. Louvois fit un signe, et les archers parurent à la porte ; la comtesse se dressa, vivante image du désespoir et de la mort ; elle implora Louvois pour son fils, sans voix, elle n'en avait plus, mais avec des gestes qui eussent attendri un tigre.

Jaspin, saisi de terreur, hurlait et joignait les mains. Amour montrait ses dents blanches. Les domestiques s'étaient armés pour défendre leur jeune maître.

— Sortez de chez moi, ou vous êtes morts tous les cinq, dit Gérard en indiquant du doigt la grille du château, quand je devrais faire crouler sur vous cette maison jusqu'à sa dernière pierre !

— Soit, répliqua Louvois, mais vous vous repentirez d'être venu à Lavernie aujourd'hui, Monsieur, et d'y avoir prononcé les paroles que je viens d'entendre. Emmenez mademoiselle, vous autres, ajouta-t-il en s'adressant aux archers.

Antoinette arrêta de la main Gérard, qui faisait un mouvement pour la retenir.

— Votre mère! murmura-t-elle.

Gérard se retourna épouvanté; la comtesse, épuisée par le dernier éclat de cette scène, venait de se renverser dans les bras de Jaspin; le sang montait de son cœur à ses lèvres, tachées d'une écume rougeâtre.

Au même instant, le marquis de Louvois sortit avec la jeune fille.

— Adieu! dit Antoinette, adieu!

— Au revoir! répliqua Gérard, à moitié fou, entre ces deux douleurs.

— Oui ! s'écria le marquis, au revoir ! et il quitta le château avec sa lugubre escorte.

Alors la comtesse sentit que la vie lui échappait; elle serra convulsivement les deux mains de Gérard, agenouillé près d'elle.

— Mon fils, dit-elle d'une voix qu'on entendait à peine, tu vas rester avec un terrible ennemi, mais... je te laisse un appui... Donne-moi une plume... du papier... Soulève ma main... vite, vite... que j'aie le temps d'écrire, ô mon Dieu !...

Une toux sanglante lui coupa la parole. On voyait courir, autour d'elle, les serviteurs, effarés, s'entrechoquant, avec des cris de désespoir.

— Ah! murmura la pauvre femme, dont les yeux se couvraient de ténèbres, je ne sens plus, je ne vois plus, je ne pourrai donc pas sauver mon fils!... Je mourrai donc sans qu'il sache...

Jaspin lui saisit la main. Ce n'était plus le naïf pêcheur de chevannes, ou le vendeur de cerises : la figure pâle du petit homme était sillonnée de larmes séchées, son œil brillait d'intelligence et de courage.

— Inutile qu'il sache... dit-il à la comtesse, dont il essuyait le front glacé.

— Pourquoi? fit-elle, étonnée de cette transformation soudaine de Jaspin.

—Parce que je sais tout, moi, répliqua Jaspin, et que cela suffit.

La comtesse se souleva vivement, ses prunelles se dilatèrent, sa bouche s'ouvrit avec stupeur.

— Vous savez! dit-elle, vous!...

— Depuis vingt-cinq ans, madame, répondit simplement l'abbé. Je me rendrai près d'*elle*, je lui recommanderai Gérard, vous pouvez reposer en paix.

— Ah! mon Dieu!... mon ami... articula sourdement la comtesse...

Puis, dans un élan de folle joie :

—Mon fils! s'écria-t-elle, en étreignant de ses deux bras la tête de Gérard.

Ce cri fut son dernier soupir, elle rendit l'âme dans ce dernier baiser.

Ses deux mains, mortes, se disjoignirent en retombant. Jaspin en saisit une, Amour se mit à lécher l'autre.

Gérard, foudroyé, plia les genoux près du cadavre de la comtesse, dont l'œil éteint restait fixé sur le portrait de madame de Maintenon.

III

LES CULOTTES DE MONSEIGNEUR DE HARLAY.

Ce mariage du roi et de madame de Maintenon, dont parlait l'abbé Jaspin si légèrement, et dont toute la France, toute l'Europe, parlaient avec lui, n'était pas, cependant, un événement assez prouvé pour que la renommée s'en préoccupât de la sorte.

Il est vrai que rien ne se répand plus vite que les choses cachées. Le mystère, en politique, en amour ou en science, est l'une des plus friandes convoitises de l'homme civilisé.

Ce fameux mariage, du plus grand des rois avec la plus humble des femmes, mariage que tous les historiens ont recueilli de la voix du peuple, soulève encore, aujourd'hui, les discussions et les négations. Il peut passer pour le plus commenté des mystères de ce siècle, après la mort du masque de fer, qui fait pendant au tableau du mariage nocturne célébré à Versailles en 1685.

Un matin d'hiver, à l'heure où les prélats qu'a chantés Boileau dorment grassement sous le duvet, le plus voluptueux des prélats, M. Harlay de Champvalon, archevêque de Paris, s'était fait réveiller avant le jour.

Habillé vivement, l'archevêque fit venir son premier aumônier, bien surpris, lui aussi, de se lever à une pareille heure.

— Monsieur, lui dit-il, préparez un ornement vert, et marquez le Missel à l'article *de matrimoniis.*

L'aumônier obéit. L'archevêque lui commanda de s'aller recoucher, prit ses gants, l'ornement vert et le Missel, monta dans une voiture bien fermée, et se fit conduire à Versailles, où, au petit jour, il maria le roi et madame de Maintenon, à l'autel de la tribune de l'ancienne chapelle. Bontemps, valet de chambre du roi, et M. de Montchevreuil, ami intime de madame de Maintenon, servirent seuls de témoins.

M. de Harlay, après la cérémonie, rédigea un acte de célébration, que signèrent les deux parties et les témoins. Cet acte, l'archevêque le déposa précieusement dans sa poche et l'emporta.

Ainsi parle l'histoire, ou du moins une des histoires ; car l'histoire, comme la Fama antique, n'a pas moins de cent yeux pour voir un fait, et de cent bouches pour le publier. Ce qui n'implique pas qu'un événement soit mieux vu par ces cent yeux et plus nettement proclamé par ces cent bouches. Il arrive, tout au contraire, que chacun de ces yeux a vu, à sa manière, que chacune de ces bouches a soufflé dans la trompette à sa façon, de telle sorte, qu'après avoir entendu cent bruits différents, le monde ne sait plus à quoi s'en tenir. Le son est devenu un thème sur lequel tout poète peut broder ses variations.

Ce mariage accompli, madame de Maintenon n'avait plus à désirer qu'une chose, c'était qu'il fût connu. Mais il fallait attendre. Le roi n'avait entendu faire qu'un mariage de confiance. Il fallait en dérober les preuves à M. de Louvois, l'ami de madame de Montespan, la disgraciée ; à Louvois, qui avait supplié si vainement Louis XIV de ne pas donner à madame Scarron la main qu'avait tenue

Marie-Thérèse d'Autriche, à Louvois, qui dormait sur la parole arrachée au roi, et dont le réveil eût tout perdu.

En effet, patiente et s'affermissant à chaque progrès nouveau, madame de Maintenon se croyait assez forte pour pouvoir monter le dernier degré. Un pas encore, et elle s'asseyait sur le trône. Mais, si elle avait pu se faire épouser secrètement par le roi, si elle avait pu cacher dans les ténèbres sa marche cauteleuse au génie vigilant de Louvois, comment lui laisser ignorer ce qui allait frapper toute l'Europe, comment l'empêcher de se jeter, avec la rage qu'il avait, tout au milieu de ce projet nouveau, et de le faire échouer, le roi, peut-être, n'y donnant les mains qu'à regret?

Madame de Maintenon se replia sur elle-même. Elle résolut d'éteindre tout bruit, de faire disparaître toute trace, jusqu'au moment où la déclaration éclaterait comme un tonnerre, et elle se crut assurée d'y parvenir, certaine qu'elle était de la fidélité des quatre seules personnes qui connussent le mariage.

M. de Montchevreuil, admirateur et ami, la loyauté même; Bontemps, le tombeau des secrets; le Père la Chaise, confesseur du roi, lié à ce secret par l'intérêt de sa société, par le sien propre; M. de Harlay, créature de madame de Maintenon, appelé de Rouen, qu'il scandalisait, à Paris, qui le chansonnait pour sa facilité de mœurs : M. de Harlay, choisi comme le plus commode des prélats, sous les yeux duquel un roi pût offenser Dieu tous les jours, en respectant l'Eglise.

Ainsi, la femme de Louis XIV n'avait rien à redouter de trois de ces personnages; mais, comme un papier révèle souvent ce que la langue des hommes sait ne pas trahir, madame de Maintenon était fort gênée par cet acte de célébration, qu'elle avait tenu à faire dresser, alors, par l'archevêque; et elle venait d'écrire au prélat de lui apporter, le soir même, à Versailles, chez elle, le précieux document d'où son avenir entier dépendait.

Quelle n'eût pas été son inquiétude, si elle eût mieux connu les habitudes de monseigneur de Paris. Ce prélat mondain, affairé, ce savant docteur en théologie, qui avait beaucoup de mémoire pour apprendre les éloquents sermons dont il régalait la cour, beaucoup pour retenir les heures de rendez-vous de ses belles pénitentes, n'avait jamais pu se souvenir que les papiers sont parfois importants; que, lorsqu'ils le sont assez, on les serre; trop, on les brûle.

Une affaire sérieuse venait-elle à lui écheoir, M. de Harlay croyait avoir tout fait en bourrant le papier important dans les poches de ses culottes. Une fois rentré chez lui, au lieu d'extraire la pièce et de la confier à ses archives, il accrochait la culotte précieuse dans un cabinet destiné à cet usage, et qui renfermait, rangés les uns à côté des autres, une quantité remarquable de documents, dont la seule étiquette était la date de la culotte qui les contenait.

Comme l'archevêché de Paris donne de grandes affaires, M. de Harlay devait avoir autant de culottes pendantes dans ce cabinet, que Lucullus avait de chlamydes de guerre dans ses armoires.

Madame de Maintenon, qui savait pourtant bien des choses, ignorait cette particularité. Assurément, elle n'eût jamais choisi, pour administrer le premier diocèse de France, un homme qui serrait si mal les papiers, elle ne se fut point fait marier par un homme qui oubliait si bien ses culottes.

Peut-être ailleurs connaissait-on mieux

les habitudes du prélat, ainsi que nous le verrons tout-à-l'heure.

Donc, la marquise s'occupait de recouvrer ce document précieux, seule preuve authentique de son mariage, lorsque M. de Louvois partit de Versailles; en apparence pour préparer une campagne en Flandre,—voilà du moins ce qu'il dit au roi,—en réalité pour faire ce que nous avons vu aux Filles-Bleues.

Madame de Maintenon voulut profiter de cette absence. Son acte de célébration à la main, elle eût mis dans la confidence quelques-uns de ses plus puissants amis

M. le duc du Maine, son élève, eût travaillé pour elle en haine de M. le duc de Bourgogne, qui grandissait et commençait à montrer beaucoup d'orgueil et d'esprit royal. Le moment était des plus favorables. Nulle grande influence de famille autour de Louis XIV, la guerre d'Italie, des projets de guerre générale qui, s'ils se développaient, pouvaient tourner l'esprit du roi vers de plus sérieuses occupations. Louvois absent, lui qui cherchait à distraire le roi de ses amours avec la guerre, comme madame de Maintenon, par la paix, le conduisait au mariage. Il fallait saisir cette occasion ou se résigner à ne la revoir peut-être jamais.

Le soir où la nouvelle de la victoire de Staffarde parvint au roi à Versailles, Louis XIV rentrait chez lui pour se mettre à table. Déjà vieux, quoiqu'il n'eût que cinquante-deux ans, le roi était encore d'une beauté singulière. Mais l'opération qu'il avait subie en 1686, l'avait fatigué en lui ôtant une partie de sa fraîcheur, jusque-là si remarquable.

Le roi revenait de chez madame de Maintenon, près de laquelle il avait coutume de passer toutes ses soirées, et qu'il avait logée à Versailles, chez lui, de l'autre côté du palier des grands appartements. — Il l'avait laissée aux mains de ses femmes, prête à se mettre au lit, car elle se couchait de bonne heure et se levait de grand matin.

Le roi en recevant la lettre de Catinat, fut transporté de joie ; il revint sur ses pas et rentra chez la marquise pour lui faire part de cette bonne nouvelle. Il ne trouva personne à l'antichambre. La fantaisie n'etant entrée jamais pour rien dans cette existence royale, le roi était toujours attendu lorsqu'il venait : une fois parti, ce n'était plus le roi ; l'huissier eût hésité à le reconnaître.

Il entra donc chez madame de Maintenon, la lettre du vainqueur de Staffarde à la main.

La marquise, âgée de cinquante-cinq ans à cette époque, avait conservé intacte la solide santé qui l'avait rendue un objet d'envie pour toutes les belles femmes de la cour. Elle promettait d'égaler Ninon, la merveille. Jamais plus beaux bras, plus délicates mains,—la taille et la poitrine étaient d'une perfection tellement peu commune, que monseigneur le grand-dauphin l'avait, dit-on, proclamé un jour de mascarade en coudoyant, pour ne pas dire plus, la marquise à l'embouchure d'un salon, dans le pêle-mêle d'un conflit de masques.

C'étaient des yeux charmants et fermes, lumineux à tel point que ceux du roi pouvaient seuls en soutenir l'éclat. La bouche un peu pincée, sorte de grimace qui ne messied pas aux lèvres pleines et roses d'une dévote, rappelait, par ses contractions significatives, la fameuse moue de Catherine de Médicis, et mobilisait un visage tellement accoutumé à l'impassibilité, que depuis douze ans les courtisans n'y savaient plus rien lire.

La marquise encore habillée soupait sur une petite table : — un potage dans une assiette d'argent ; quelques fruits sur un beau plat du Japon, composaient tout le repas. Manseau, maître-d'hôtel de madame de Maintenon, la servait à table. Elle mangeait vite et avec distraction, regardant souvent la porte et interrogeant une vieille bonne qui allait et venait par la chambre, aussi préoccupée que sa maîtresse de voir arriver M. de Harlay.

Cette femme qu'on appelait la *mie* de madame, et dont le nom était Nanon Balbien, passait pour une des puissances devant lesquelles se prosternait la cour. Nanon avait servi M. Scarron, rue Saint-Jacques, et fréquentait Louis XIV à Versailles.

— Nanon, dit la marquise, *vient-on?*

— Non, madame, et je suis lasse de courir ainsi, — cela ne fait pas arriver ceux qu'on attend, et fatigue ceux qui attendent, répliqua la *mie* avec aigreur.

—Repose-toi, Nanon, dit doucement la marquise. Donnez-moi à laver, et desservez, Manseau.—Ne trouves-tu pas étrange, Nanon, qu'*on* n'arrive pas?

— Hum! le débauché! grommela mademoiselle Nanon sans s'émouvoir de traiter ainsi un archevêque.

Manseau enleva le couvert, Nanon offrit à la marquise une pâte au miel pour blanchir ses mains, et d'une voix irritée :

— N'allez pas l'attendre, dit-elle, couchez-vous, s'il vient, je le recevrai comme il faut.

— Là ! là ! doucement Nanon, ménageons M. de Harlay, répondit la marquise, mais néanmoins voilà qui est bizarre.

A ce moment le roi parut.

En voyant Louis XIV, la marquise ne

se leva point. Sa surprise et sa gêne furent telles que le roi, sans sa préoccupation, n'eût pas manqué de les remarquer.

Louis commença par la vieille gouvernante :

— Encore bonsoir, mademoiselle Balbien, dit-il avec un sourire.

Puis il jeta un regard amoureux sur la marquise, et l'ayant saluée très-civilement :

— Quoi ! madame, dit-il avec étonnement, vous n'êtes pas encore déshabillée ! Je vous croyais au lit.

Madame de Maintenon se leva, fit la révérence au roi.

— Sire... dit-elle, est-il bien l'heure ?

—Sans doute, madame, répliqua le roi, — mais écoutez pourquoi je reviens vous troubler : — Catinat est vainqueur ; il a bien battu M. de Savoie et Eugène, auprès de Staffarde, en Piémont.

— Ah! Dieu soit loué! s'écria la marquise dont le visage s'anima.

— Auprès d'une abbaye, continua le roi, relisant sa lettre.

— Cela devait porter bonheur aux soldats du roi très-chrétien, sire.

— Nous allons prendre Suze du même coup, poursuivit Louis XIV; pourquoi Louvois n'est-il pas ici, lui qui n'aime pas Catinat? il s'en repentirait.

— Quelle douce récompense de l'intérêt que je porte à cet officier, dit la marquise. J'ai toujours du bonheur dans mes choix, avouez-le, sire.

— C'est vrai,—mais asseyez-vous donc, madame, dit le roi, en s'installant dans un fauteuil.

Les yeux de la vieille gouvernante et ceux de la maîtresse échangèrent un regard. Louis, qui le saisit au passage, s'interrompit dans la lecture.

— Vous gêné-je? dit-il avec curiosité.

— Oh! sire.

— Fort bien.

Au même instant, un bruit léger se fit entendre dans le vestibule. La marquise tressaillit; la vieille courut hors de la chambre, mais trop tard.

— Attendez-vous quelqu'un? Non, je pense. Cependant, il me semble que j'entends quelqu'un, dit le roi, à qui ce mouvement et cette agitation paraissaient étranges.

Aussitôt, M. de Harlay parut à la porte.

— Excusez-moi, sire, j'attendais monseigneur de Paris, s'écria vivement la marquise.

— L'archevêque! dit le roi surpris, à neuf heures du soir. Qu'avez-vous donc, madame? Vous êtes toute émue.

Et en parlant ainsi, il regarda le prélat, dont la contenance redoubla ses soupçons; M. de Harlay fort pâle, l'œil incertain, les mains embarrassées, malgré son habitude de la cour, ressemblait à un séminariste qui entre dans un salon plein de femmes et d'officiers.

Le roi l'appelant d'une voix ferme :

— Monsieur, dit-il, approchez-vous. Je vois que vous venez nous annoncer un malheur. Eh bien! c'est juste, puisqu'un bonheur venait de m'écheoir ; allons, parlez, et parlez net, épargnez-nous les angoisses.

Madame de Maintenon s'épuisait en signes que l'archevêque ne voyait pas, séparé qu'il était de la marquise par le roi debout et effacé comme un major au feu, pour entendre avec majesté la mauvaise nouvelle.

Le malheureux M. de Harlay, se figura que le roi était au courant de ce qu'il venait faire chez Mme de Maintenon ; que la présence inaccoutumée de Louis XIV avait cet unique but de recevoir le renseignement demandé ; qu'enfin, entre le mari et la femme, il y avait communauté d'intentions à l'égard de ce mariage. Il fut confirmé dans cette déplorable opinion par ce mot du roi :

— Parlez, monsieur, parlez donc! madame le permet.

— Assurément, balbutia la marquise, qui ne savait plus à quel saint se vouer.

—Eh bien! sire, eh bien! madame, répondit l'archevêque avec toute la pantomime du désespoir, je n'ai pas retrouvé l'acte.

— Est-il vrai ! s'écria la marquise en se levant.

—Quel acte ? fit le roi avec surprise et dont les yeux roulaient, effarés du côté de l'archevêque, courroucés chez madame de Maintenon.

Ce fut alors que l'archevêque aperçut les signes de la marquise, s'effraya d'avoir dit ce qu'on ne lui demandait pas, et s'effaroucha tout-à-fait; en sorte qu'il ne répondit plus.

— Mais quel acte? répéta le roi en pinçant ses lèvres : suis-je de trop ici, que personne ne me parle !

La marquise avait été consternée par les paroles de l'archevêque. Il n'était plus temps de donner le change au roi. Cette perte de l'acte lui donnait d'ailleurs à elle une situation trop difficile pour qu'elle ne se hâtât point d'en sortir.

— Sire, répliqua-t-elle enfin, il s'agit

de l'acte de célébration de mon mariage avec Votre Majesté.

Louis XIV rougit. Elle ne voulut pas s'en apercevoir.

— Il se dit dans le monde, continua-t-elle, que Votre Majesté vit publiquement avec une maîtresse. Ce bruit s'accrédite dans les cours étrangères ; on en parle ; on en écrit. J'ai reçu un pamphlet, un libelle affreux qui déshonorerait Votre Majesté.

— Impossible, répliqua le roi d'un

ton sec. Un libelle ne déshonore pas un roi.

— C'est vrai, sire, dit la marquise en gonflant ses joues comme elle avait coutume de le faire quand s'élevait en elle un orage.

— Votre Majesté est à l'abri, mais moi !... ce que méprise un grand roi, une femme en est écrasée.

— Il faut mettre ses humiliations au pied du crucifix, murmura Louis XIV fort agité, fort repentant d'être venu hors de ses heures chez madame de Maintenon.

— C'est ce que je fais tous les jours, riposta la marquise, ce que j'eusse fait encore à cette occasion; et je demandais à monseigneur l'archevêque de me communiquer l'acte de célébration qu'il a dressé, afin, qu'en le lisant, de mes yeux, je me pusse convaincre que je suis la femme bien légitime de Sa Majesté ;—doux honneur, ignoré de tous, et qui suffit à me consoler de toutes les disgraces. Eh bien, sire, vous l'avez entendu, j'ai bien du malheur, cette consolation stérile m'échappe, monseigneur l'archevêque vient de déclarer devant Votre Majesté que l'acte ne se retrouve pas !

Par cette habile manœuvre, la marquise avait conquis le droit de parler ouvertement à M. de Harlay. Le roi ne pouvait rien reprocher à une femme si résignée.

— Cet acte serait égaré ! dit-il en se retournant contre l'archevêque qui jugea sa situation bien critique ; car le mécontentement de Louis XIV n'était pas facile à soutenir.

— Hélas ! sire, articula faiblement le prélat décontenancé.

— Parlez, voyons ! dit à son tour la marquise, que rien ne gênait plus et qui lâchait les rênes à son impatience. Comment peut s'égarer un papier de cette importance ?

— Vous l'aurez trop bien serré, monsieur, ajouta le roi.

— L'acte doit être aux archives de l'archevêché, insista la marquise.

— Vous l'avez écrit de votre main, je m'en souviens, dit le roi, enchanté de prouver sa mémoire.

— Vous l'avez plié et enfermé là, interrompit la marquise, en lui indiquant sa poche droite sous sa robe.

A tout ce déluge, l'archevêque ne disait mot et baissait la tête.

—Il est certain, reprit le roi, que vous n'aurez confié cet acte à personne.

— Oh! non, sire, à personne.

—Monsieur a un cabinet qui ferme, je suppose? dit la marquise.

— Voici la clef de mon armoire, madame.

—Bien. Et vous avez cherché dans tous les tiroirs!

— Il n'y a pas de tiroirs.

— Sur tous les rayons, alors?

—Ce n'est pas une armoire à rayons, madame.

— Dans toutes les cases, voyons?

— Ce n'est pas non plus une armoire à cases.

— Bon Dieu! appelez cela comme il vous plaira, mais enfin cette armoire est faite pour renfermer vos papiers; vous avez la clé de l'armoire! Les papiers doivent s'y trouver.

—Celui-là manque, madame, murmura le prélat suant à grosses gouttes et près de défaillir.

—Il sera fait une enquête, interrompit le roi, en voyant toute la colère de madame de Maintenon se réfugier dans ses doigts effilés qu'elle faisait craquer les uns contre les autres. On saura comment d'une armoire, dont monsieur a la clé, disparaît la pièce la plus importante. — Car vous l'avez bien enfermée, n'est-ce pas?—Il sera instruit, dis-je, contre tous ceux qui hantent l'archevêché.

—Sire! s'écria le prélat épouvanté du résultat de cette enquête.

— Enfin, vous devez avoir des soupçons, reprit la marquise.

— J'en ai, madame.

— Contre un de vos secrétaires ou classificateurs.

— Pas précisément.

— Contre qui ? Son nom ?

— Desbuttes.

— Qu'on le mande !

— Il n'est plus chez moi.

—On le trouvera, indiquez seulement.

— Il a quitté mon service.

—Cet homme était donc chargé de vos bibliothèques? C'était donc votre archiviste?

— C'était un de mes valets de chambre.

— Précisez où était enfermé le papier, je vais commettre le lieutenant de police.

L'archevêque rougit plus fort.

—Eh bien, dit le roi?

— Avez-vous entendu, monsieur, dit la marquise?

— Mon Dieu, sire, et vous, madame..., balbutia le pauvre homme poussé à bout et qui vit, aux proportions que prenait cette affaire, combien il lui serait plus avantageux d'avouer que d'être convaincu, — chacun a ses faiblesses en ce monde.

— C'est vrai, dit le roi.

— Eh bien! interrompit la marquise, voyons la vôtre.

— Je suis distrait, avoua courageusement le prélat.

— C'est un défaut, ce n'est pas un

vice; mais vous n'êtes pas distrait au point d'avoir négligé de serrer cet acte, puisque vous venez de nous montrer la clé de l'armoire. Donnez cette clé, dit le roi, que j'envoie à l'instant mon confesseur et Bontemps y faire une perquisition.

—Sire, daignez me laisser achever. J'ai eu l'honneur d'apprendre à Votre Majesté que je suis distrait. Je m'en défie, et pour ne jamais rien perdre j'ai pris une habitude.

— Vous rangez tout.

— Je ne range jamais rien.

— Voilà qui est particulier; je serais curieux de comprendre, dit Louis XIV.

— Oh! je comprends bien, moi, interrompit madame de Maintenon avec une ironie acérée.

—Madame, dit l'archevêque, a un grand sac dans lequel je la vois souvent renfermer ses papiers, son ouvrage, ses étuis, son mouchoir même.

— Après?

— Madame est le soin et l'ordre en personne.

— Après ! après !

— Eh bien, moi qui n'ai pas de sac, j'enferme tout ce qui m'intéresse dans un seul et même endroit.

—Lequel? dirent en même temps le roi et la marquise.

—J'ai... ma poche, glissa l'archevêque, si bas qu'il eût été impossible de le comprendre, sans le geste imperceptible dont il accompagna la phrase.

— Mais après la poche, monsieur ?

— J'ai l'armoire.

— Non. Avant l'armoire, vous tirez l'objet de la poche.

— Jamais!...

— Comment faites-vous, alors ?

— J'enferme la... poche telle qu'elle est dans l'armoire, et lorsque j'ai besoin de retrouver une note ou de consulter un document, j'appelle mon valet de chambre, et nous cherchons tous deux la... poche que je portais au jour dont il est question.

Le roi et madame de Maintenon, malgré la gravité de la situation, ne purent y tenir plus longtemps; ils se regardèrent, regardèrent le prélat dont la figure avait les sept nuances prismatiques, et en songeant à cette collection de poches pleines qui meublait l'armoire de l'archevêque, ils faillirent éclater de rire.

Par bonheur, le roi ne riait jamais. Il se mordit les lèvres jusqu'au sang pour ne point sourire. Quand à madame de Maintenon, elle venait d'entendre sa vieille servante, mademoiselle Nanon Balbien, se tordre d'hilarité dans le couloir voisin, et pour n'en pas faire autant, elle eut besoin de toute sa force de volonté.

Le prélat essuyait sa sueur, avec l'espoir qu'on la prendrait pour des larmes.

—Enfin, dit le roi, rappelez-vous, monsieur, quelle poche vous aviez le jour de cette cérémonie et retrouvez-la !

— Ainsi ai-je fait ; sire, la poche ne s'est pas retrouvée.

— Mais le valet de chambre ?

— M'a quitté depuis un mois environ. Mes autres gens prétendent qu'un bon nombre de mes culottes—de mes poches, pardon, sire—a été vendu par le drôle. Tel est l'accident dont vous me voyez accablé, désespéré. Je crois bien, sire, que j'en perdrai la raison.

En disant ces mots, le malheureux archevêque ensevelit son visage tout entier dans son mouchoir. Le roi et madame de Maintenon restèrent immobiles, revenus au sérieux de la position.

La marquise tourna le dos à M. de Harlay. Louis XIV soupira et dit :

— Allez, monsieur l'archevêque, vous *nous* causez bien du déplaisir.

Le roi n'en avait jamais tant dit pour la perte d'une grosse bataille.

M. de Harlay sortit à reculons, éclatant avec fracas dans sa douleur.

Alors, entre les deux époux qui se trouvèrent seuls, commença la véritable scène dont celle que nous venons de raconter n'avait été que le prélude.

# IV

## ÉCHEC AU ROI.

Le roi s'approcha de la marquise, livrée à la plus noire mélancolie. Il eût été bien difficile de décider si Sa Majesté était triste ou joyeuse de ce qui arrivait. Nous sommes trop peu historien, trop romancier pour décider la question.

Madame de Maintenon, elle, comprit cette situation de l'esprit du roi. Elle en trembla ; elle résolut de ne pas l'y laisser longtemps.

— Que pense de tout cela votre solidité, Madame, dit Louis XIV moitié enjoué, moitié sérieux, pour sonder le terrain.

— Je pense, sire, que des actes de mariage pareils au *nôtre* ne se perdent jamais sans raison, et ne sont jamais perdus pour tout le monde. Quelqu'un a fait voler la poche de M. l'archevêque, voilà qui est certain pour moi, en attendant qu'il soit prouvé que M. l'archevêque n'est pas le voleur lui-même.

— Oh! quel intérêt?

— Beaucoup d'intérêt, sire. Toutefois, à l'heure qu'il est, je n'ai point à démêler l'intérêt d'autrui en cette affaire. Le mien est si cruellement menacé que j'y vais réfléchir.

— Qu'est-ce à dire? Vous croyez-vous des ennemis assez puissants? demanda le roi.

— Il faudrait que je fusse bien aveugle pour méconnaître leur main en tout ceci.

— Les craignez-vous près de moi?

— C'est près de vous que je les crains.

— Madame! fit le roi blessé.

— Sire, écoutez-moi. Je suis tout dans votre existence ou je ne suis rien. Mon but unique a été de me faire aimer de V. M., mais surtout de m'en faire estimer. J'ai travaillé la nuit et le jour à perfectionner mon âme par l'étude et la prière. J'ai eu cette prétention, pardonnez-la

moi, de réconcilier V. M. avec elle-même
en lui offrant une meilleure vie que sa
vie passée, avant le succès de la vie éternelle. Pour cela il ne fallait pas qu'entre
V. M. et moi s'agitassent les misérables
questions qui déshonorent les esprits vis-
à-vis des hommes, et avilissent les âmes
au regard de Dieu.

Le roi de France qui avait donné des
scandales à ses peuples, est rentré dans
la chasteté, dans la justice. Il ne prend
plus une femme à son mari, une mère à
ses enfants. Il n'inflige plus à une maîtresse la bâtardise des rejetons qu'elle
donne au prince. Il ne charge plus la

conscience de ses enfants légitimes du péché mortel de la haine qu'ils portent aux légitimés. Louis-le-Grand devient Louis-le-Pur et l'irréprochable. Voilà le plus beau triomphe que puisse rêver une femme pleine de respect et d'amour pour son roi.

— Eh bien, mais? interrompit le roi avec sérénité, comme s'il eût trouvé les deux épithètes parfaitement appropriées à sa situation présente.

— Sire, continua la marquise, pour que vous paraissiez pur, il ne faut pas que je le paraisse moins. La femme de

César ne doit pas être soupçonnée. Or, les pamphlets me désignent comme votre quatrième maîtresse déclarée. L'âge qui nous ridiculiserait l'un et l'autre en nos vices, sanctionne des affections inattaquables et légitimes. Mais aujourd'hui, nous sommes ridicules, sire, il faut bien le dire, puisque la preuve n'existe plus de notre innocence.

— Dieu la connaît.

— Et M. de Montchevreuil aussi, direz-vous ; mais ni Dieu ni Montchevreuil ne diront aux pamphlétaires combien ils ont tort de nous calomnier.

— Enfin, madame, hier encore cet acte de célébration n'était pas moins ignoré de tous, malgré l'idée que vous aviez de son existence dans les archives de M. de Harlay.

— Je savais, moi, qu'il existait. Cela, vous ai-je dit, me rassurait contre mes faiblesses, j'y puisais un courage indicible. On a de l'orgueil, sire, quand on a l'honneur d'appartenir à V. M. Aujourd'hui, rien, plus rien. Je doute, je ne me souviens plus. Qu'on me nie que je sois votre femme, et je baisserai la tête. Je me figure que Louis-le-Grand a pris une dernière maîtresse; que dis-je, une maîtresse à laquelle d'autres succèderont.

— Madame, vous me désobligez, vous faites de vous trop peu de cas! Est-ce la perte de ce papier qui vous gêne? Eh bien! mais, une perte se répare. M. l'archevêque a dressé le premier acte, il en dressera un second.

— Impossible, sire! Je répondrais oui à S. M. si j'avais vu le premier acte s'évanouir en fumée dans un brasier. Mais j'ai la conviction qu'il existe aux mains de quelque méchant qui le commente et nous raille, et s'applaudit d'avoir déshonoré les consciences les plus saintes et les plus honnêtes qui aient jamais cimenté entre elles deux une alliance chrétienne. Or, il est convenu entre Votre Majesté et moi que jamais ce mariage ne sera déclaré. Vous le savez, sire, telle a été la condition que j'ai osé dicter à mon roi lorsqu'il a fait monter son Esther jusqu'à lui.

— Madame... dit le roi en saluant avec un gracieux sourire la femme habile qui savait le caresser dans son incommensurable orgueil en lui promettant le silence sur un mariage dont il n'osait pas se repentir.

— Oui, continua la marquise, notre alliance doit demeurer secrète. Elle le sera, mais tant que le secret sera pour tout le monde ; que si jamais on venait à le découvrir, oh !... répondez-moi : à quel rôle abaisseriez-vous votre servante ? —je me fais humble et timide à votre cour, moi votre femme devant Dieu : pourrai-je soutenir cette humilité si mon rang s'était déclaré une fois ? Souffririez-vous que votre épouse saluât les duchesses et vécut comme une supérieure de couvent à Saint-Cyr ? D'un autre côté, sire, ne m'opposerais-je pas à une notoriété qui peut blesser votre orgueil royal ? Suis-je d'un sang à porter la couronne ? Que diraient vos enfans, sire !... et vos peuples ? Non !... ce malheur qui vient de me frapper m'ouvre les yeux à la lumière. Il faut un grand courage, Sire, pour achever les paroles que je commence en tremblant. Mais la gloire de mon roi, mon honneur à moi sont en jeu. Il s'agit de la responsabilité que j'ai devant Dieu de vous faire une vie heureuse et pure. Sire, comme la disparition de cette acte n'est pas naturelle, comme elle résulte d'un vol, comme il y a quelqu'un de dangereux, croyez-le bien, qui possède notre secret pour en abuser à l'occasion, ce n'est pas un second acte qu'il faut faire signer par M. de Harlay, sire, c'est le premier qu'il faut annihiler complétement.

Le roi, qui avait tenu ses yeux baissés

durant ce sermon éloquent de la marquise, les releva sur elle en entendant la conclusion.

—Annihiler cet acte, dit-il, pourquoi, madame, et surtout comment?

— En vous disant comment, Sire, ce sera vous dire pourquoi. — Que nous prenions, vous et moi un courageux parti, l'acte est détruit et sans valeur aux mains de celui qui le détient en ce moment.

— Expliquez-vous.

— Séparons-nous, sire ; laissez-moi

vous dire un éternel adieu. Permettez que je m'enferme à jamais, non pas à St-Cyr, c'est trop près, hélas ! mais dans un cloître de Bretagne ou de Normandie, en Allemagne s'il le faut, et quand se montrera l'acte de notre mariage, vous n'aurez pas besoin de dire qu'il est apocryphe, vous n'aurez pas besoin de recommander à Bontemps et à Montchevreuil de laisser contester leur signature. L'Europe entière qui vous connaît, dira : Il était faut que madame de Maintenon fût l'épouse de Louis-le-Grand. Jamais ce prince, le plus honnête homme du monde, n'eût laissé insulter sa femme par les libellistes. Louis XIV était assez le roi pour imposer une reine à l'univers.

Le roi, dont les yeux étincelaient pendant cette rude réplique, interrompit aussitôt la marquise.

— Vous avez raison, dit-il, madame. Cet acte aux mains d'un tiers inconnu, d'un ennemi sans doute, c'est la révélation de notre secret. Un secret pareil déshonore un honnête homme et, par conséquent, un bon roi. Il n'est pas honnête qu'un chrétien cache aux hommes la femme qu'il a épousée devant Dieu. Il n'est pas politique qu'un prince tel que moi envoie des armées combattre ses voisins pour quelques susceptibilités d'amour-propre, alors que chez lui la honte peut entrer par la bouche d'un calomniateur. Fais ce que tu dis — dis ce que tu fais, voilà ma devise dès à présent. — Vous ne me quitterez pas, madame, et l'on saura que vous ne me devez pas quitter avant que le voleur de notre acte ait osé penser à en faire usage.

— Mon Dieu ! sire, s'écria la marquise, pâle d'émotion, qu'entends-je dire à Sa Majesté ?

— Ce que demain les ducs et pairs, les cardinaux et les princes du sang entendront en plein Parlement.

— Moi, sire! sur un trône, à la place vide de l'auguste reine qui s'y est assise à vos côtés? Jamais! jamais!

— Ce n'est pas du trône qu'il est question, répliqua le roi, c'est de la reconnaissance loyale de vos droits d'épouse. En cela, j'espère, vous ne me désobéirez pas. Ainsi finira cette vie de mystères, de luttes, de contraintes.—Ainsi se tariront les larmes que je vous vois répandre, et ces reproches douloureux au pied de votre crucifix, et ces combats qui vous épuisent, et me tuent. — J'ai soif de repos, de francs sourires, j'ai soif de liberté dans mon ménage, comme un de mes bourgeois. — Ce que les peuples disent tout bas et ce qu'ils diront tous les jours de ma vie et de la vôtre, si nous nous cachons encore, dans quinze jours nul ne le dira plus, si nous nous montrons. Je ne vous promets pas que demain, madame, vous serez reine, — il faut que je consulte à cet égard mes parlements, — mais demain, madame, notre mariage sera déclaré.

Là-dessus, avant que la marquise, éperdue de joie et de surprise, eût pu faire autre chose que de se prosterner pour remercier Dieu, ou pour remercier le roi de cette incroyable victoire remportée, si inespérément, à propos d'un événement si minime, le roi, qui releva madame de Maintenon en lui baisant la main, sortit la tête haute de son appartement et passa chez lui, où tout le monde attendait aux portes, avec mille commentaires sur ce retard du roi, quand son souper était servi depuis une demi-heure.

Le roi se mit à table, prit son gobelet rempli avant qu'il eût touché les potages, et levant la main vers les assistans aussitôt après le bénédicité :

— Je bois à M. de Catinat, dit-il, qui vient, avec la protection de Dieu, de battre M. de Savoie à Staffarde. Bonne nouvelle, messieurs, dit-il, grande nouvelle! Pour aujourd'hui, c'est la seule. A demain, messieurs, chaque chose en son temps.

Et après ces paroles animées qui remplirent de joie et de curiosité toute l'assistance, le grand roi se mit à souper avec un royal appétit.

V.

ORGUEIL ET VOLONTÉ.

Nous ne laisserons pas plus longtemps s'envelopper de mystère l'homme célèbre qui gouvernait alors la France sous le manteau du roi.

Louvois n'était pas un homme de génie, ce n'était peut-être pas un grand homme. Mais il restera comme le type le plus remarquable des produits de l'esprit public au dix-septième siècle. Louvois fut grand parce qu'il croyait à la grandeur de la monarchie française, et il ne devint un habile ministre qu'à force d'habituer ses épaules comme un athlète au fardeau gigantesque de cette administration qui reposa tout entière sur lui.

Quelques-uns naissent éblouissans de génie et de force. Ceux-là sont fatalement les conquérans d'une grande fortune. Louvois naquit médiocre. Il vit son père laborieux et influent; il le vit courbé

sous l'admiration en présence du roi.
Admirer le roi et régner sous sa main
furent les deux principes qu'il suça en
même temps que le lait; voir les affaires,
entendre parler affaires, manier les affaires, voilà l'élément dans lequel il s'accoutuma comme l'oiseau à l'air, le poisson à l'eau.

La nature l'avait fait nerveux, brutal ;
il aimait à donner de grands coups ; il
recevait stoïquement ceux des condisciples intolérans qui ne se laissaient point
battre par le fils de M. Letellier. Son
corps s'endurcit, son âme était dure. Il
passa les premières années de sa jeunesse

à faire montre de belle santé avec la jeune cour, qui flattait en lui un successeur de ministre.

Or, le bonhomme Letellier, outré de ses déportements, de ses dépenses, de ses intrigues et de ses séjours aux grands cabarets, méditait de lui faire ôter, avant qu'il l'eût exercée, la charge de secrétaire d'Etat au département de la guerre, dont le roi avait accordé la survivance à cet enfant de 13 ans, dès 1654.

L'histoire en est singulière. Elle peint l'homme avec un seul trait. Louvois avait dix-huit à dix-neuf ans ; il sacrifiait au plaisir comme tout le monde à cette époque; ses bureaux, il n'y entrait jamais; les dossiers s'empilaient poudreux sur sa table; lui, courait les parcs et les maisons galantes. Certain jour qu'il avait rendez-vous avec la bande joyeuse autour du grand canal de Fontainebleau, un de ses amis, déjà homme, Lahillière, gouverneur de Thionville, un aimable garçon, vint à lui, et le prit à part; sa figure n'était point de celles qu'on porte aux réjouissances; il froissait dans ses doigts je ne sais quel papier de mauvaise mine.

— Qu'y a-t-il, mon cher Lahillière? dit le jeune Louvois; t'est-il mort quelqu'un ? Comme te voilà pâle. D'où viens-tu ?

— De chez votre père.

— Oh! je sais ce que c'est, répartit Louvois; le bonhomme travaille, travaille, et tempête de ce que je ne l'aide point.

— En effet.

— Et il m'écrit... ce papier-là ?

— Non, c'est à moi qu'il l'a adressé.

— Ah ! il paraît que c'est grave ?

— Mais oui, mon cher marquis, extrêmement grave. Voulez-vous lire !

Louvois, attachant ses yeux perçans sur la physionomie lugubre de son ami, prit le papier qu'on lui offrait. Il reconnut l'écriture ferme et correcte du vieux ministre ; ce caractère net, réfléchi, minutieux, révélait toute l'attention que la plume avait mise à tracer un si grand nombre de lignes.

« Monsieur, écrivait Letellier à Lahillière, je vous donne avis, comme à l'un des plus raisonnables amis de mon fils, que ses débauches et sa paresse m'ont lassé jusqu'au point de brouiller tous mes plans à son égard. Vous n'ignorez point ce que j'ai fait pour gagner l'estime du roi, et ce que le roi à son tour a daigné faire pour moi, me comblant de biens, d'honneurs, et perpétuant dans ma famille la dignité de ministre.

» Or, j'ai accepté tout de Sa Majesté, espérant de lui en tenir compte par l'assiduité au travail et le dévoûment de mon fils. Aujourd'hui, je me vois déçu. Le marquis de Louvois, depuis plusieurs années, montre une aversion insurmontable pour l'étude, une passion démesurée pour les festins et les compagnies suspectes. Plusieurs traits de jeunesse, que je ne veux pas rappeler, ont donné matière à des bruits fâcheux dont j'ai été la victime. Remontrances de ma part, protestations de la mienne sont demeurées sans effet; or, monsieur de Lahillière, j'ai trop de reconnaissance envers le roi, pour souffrir que ses affaires et sa gloire demeurent plus longtemps aux mains d'un dissipateur, d'un paresseux, d'un débauché. L'incapacité suit la paresse. Le déshonneur résulte de l'incapacité. Permis à M. de Louvois de déshonorer son père et sa famille, non pas de ruiner ou compromettre le roi. Je vous donne donc avis, M. de Lahillière, et vous prie d'avertir mon fils que j'ai renoncé à le continuer dans sa charge. Deux voies s'offrent à moi pour exécuter ce dessein. La première est d'aller trouver le roi, de lui conter mes douleurs et le danger que courent ses intérêts. Mais ce moyen perdrait à jamais d'honneur le marquis mon fils, et j'hésite à l'employer, bien que j'aie été si peu ménagé moi-même. La seconde, c'est d'engager M. de Louvois à déclarer publiquement l'aversion qu'il a pour les affaires, sa crainte de ne pouvoir y réussir. Il lui restera de servir le roi à la guerre comme officier ou dans quelque emploi de cour. De cette façon, mon fils sauvera les apparences et conservera une ombre d'honneur ; veuillez donc, monsieur de Lahillière, obliger un père qui vous sera reconnaissant.

« Allez trouver M. de Louvois, prévenez-le, pour qu'il accrédite par des paroles publiques la manœuvre que je vais employer, et demain au matin, avant le conseil, je le mènerai offrir respectueusement au roi sa démission. Ajoutez, pour qu'il ne regrette rien, que j'ai songé à ne point faire sortir cette dignité de notre famille. Vous connaissez M. Lepelletier, mon parent ; c'est un homme laborieux, dévoué, plein de dispositions, et qui m'a toujours témoigné les sentiments d'un véritable fils. Je l'ai fait venir de sa province. Il est chez moi tout prêt, et je le ferai agréer demain à S. M., en remplacement de M. de Louvois.

« Je compte bien sur votre bon cœur, M. de Lahillière, et sur votre loyauté si connue, pour que ma résolution parvienne sans bruit à mon fils, et que demain à midi toute cette affaire soit terminée sans éclat. »

A mesure qu'il lisait, Louvois pâlissant agitait ce fatal papier dans ses mains tremblantes ; une sueur froide coulait de son front. Lahillière avançait déjà son bras pour le soutenir, car il chancelait. Enfin, son cœur déborda ; des larmes jaillirent de ses yeux et roulèrent sur la lettre que son œil troublé ne voyait déjà plus.

Ce douloureux état dura plusieurs minutes. Lahillière contemplait avec joie la lutte de cette nature puissante contre l'orgueil et le remords.

Bientôt le jeune homme fronça le sourcil, saisit la main de son ami sans le regarder en face, plia la lettre de son père, et, sans répondre un mot à cent questions que les regards de ses compagnons effarouchés lui adressaient de loin, il rentra chez lui, prit un cheval, un seul valet chargé de liasses, et s'alla enfermer à Paris dans son cabinet. Il ne vit pas son père, il n'eut avec lui aucune explication. Seulement ces liasses de travail expédié partirent pour Fontainebleau dès le point du jour.

D'autres lui succédèrent, puis d'autres encore. Pendant huit jours et huit nuits, ce ne furent que voyages de dossiers de Paris à Fontainebleau, d'autres toujours, de nouveaux ensuite. A partir de cet entretien avec Lahillière et de la lecture de cette lettre sur le bord du grand canal,

M. de Louvois ne cessa de travailler jour et nuit jusqu'à sa mort.

Tel était l'homme — orgueil et volonté. —Marié de bonne heure, en 1662, à la plus riche héritière, à la plus aimable femme de France, il jeta les bases de la colossale fortune que pas une secousse n'ébranla durant trente années.—Et, plus tard, ce fut lui qui protégea son père et lui acquit par ses mérites la charge de chancelier ; on observa qu'en apportant au vieux Letellier les provisions et les sceaux accordés par le roi, le fils dit au vieux père ces mots qu'eux deux seuls pouvaient comprendre :

— Je viens vous apporter, monsieur, le salaire d'une bonne leçon.

Au milieu de cette vie de travaux, d'ambition, de voyages et de luttes, Louvois offrait l'exemple d'une régularité de mœurs inusitée à la cour de Louis XIV. Ses fils grandissaient, il édifiait leur avenir. Jaloux de dominer tout le monde, il ne pouvait dominer le roi qu'en un seul point, et il s'y attachait. Vivre purement en famille, tandis que son maître affichait maîtresses et bâtards, telle était l'une des grandes joies de l'orgueilleux ministre, et cette austérité blessait le roi sans amoindrir à ses yeux son favori.

Ce n'était pas vertu chez M. de Louvois. Les vertus, il les pratiquait toutes sans en avoir aucune. Etait-il vertueux, ce cœur de bronze qui donnait l'ordre d'incendier le Palatinat, armait du fer et du feu les catholiques contre les huguenots et détruisait une armée française dans les terres de la Beauce pour faire venir de l'eau à Versailles, s'excusant ainsi de la mortalité qui décimait les soldats :

— Qu'on meure en remuant la terre devant une place ennemie ou en la remuant en Beauce, c'est toujours mourir pour le service du roi.

# VI

## LE FACTEUR BROSSMAN.

Louvois n'était pas vertueux, mais il ne prenait même point la peine de le paraître, et ce fut là le secret de sa puissance. Jamais la raison d'Etat, fût-elle crime, ne s'arbora plus tyrannique sur un front plus insolent !

Louvois avait aimé. La belle madame de Fresnoy, femme d'un de ses commis, avait été sa Montespan. Dieu sait les joies du roi à ce moment, et son triomphe sur cette faiblesse de l'infaillible ministre. Mais il semblait que cet homme eût seulement voulu prouver qu'il pouvait comme un autre avoir le cœur tendre, et madame de Fresnoy, si heureuse d'être compromise, avait été bien vite remplacée par un plan de campagne contre l'Empereur.

Depuis cette faute publique, Louvois

avait toujours été impénétrable dans ses intimités. Les obsessions d'un tempérament violent échouaient contre le travail ou disparaissaient aux yeux dans les combinaisons d'un mystère tout diplomatique.

A partir du moment où il eut récolté les bénéfices de cette réputation de sagesse, Louvois n'eut qu'un écart.

En 1672, quand le roi, blessé par les Hollandais, leur voua sa haine en attendant qu'il leur déclarât la guerre, Louvois, homme de trente-un ans, rompu aux affaires, exubérant de forces et disposé à verser dans la politique toute l'imagination romanesque dont il avait fait provision, partit pour la Hollande avec deux aides, deux serviteurs dont l'un parlait allemand, et dont l'autre était ce fameux La Goberge, qui s'est avantageusement produit devant le lecteur au commencement de cette histoire.

Louvois aussi parlait allemand. Il se donna pour un facteur accompagnant deux marchands qui voyageaient pour approvisionner les petits Etats de l'Allemagne. Ces approvisionnements consistaient en salpêtre, poudre, mèches et balles ou boulets de tout calibre. La conquête de la Franche-Comté avait épuisé tous les arsenaux de France et M. de Louvois avait trouvé plaisant, puisqu'il lui fallait acheter des munitions, d'enlever aux Hollandais toutes les leurs au moment même de leur déclarer la guerre. L'idée, on le voit, n'est pas d'un homme sans imagination.

La mission était périlleuse. Les Hollandais au milieu desquels Louvois allait faire ce trafic, s'agitaient sourdement sous le souffle du prince d'Orange. On pendait beaucoup dans les rues de La Haye, on assommait à Amsterdam; il y avait les suspects de MM. de Witt, les suspects de Guillaume, les suspects de la France. Ces derniers, si l'on eût donné le choix à la populace, eussent été pendus avec le plus d'enthousiasme. Louvois ne possédait point un accent germanique assez pur pour ne pas avoir à redouter la corde au cas où on l'eût reconnu.

Heureusement, en Hollande on est marchand bien avant d'être citoyen. Louvois fit sa rafle de poudre et de salpêtre. Il paya en traites et lettres de change sur les principales villes du pays, fit embarquer les marchandises avec de fausses destinations que les capitaines devaient changer en route. L'affaire marcha au mieux pendant un mois.

La vie de Louvois était bien remplie, sa correspondance énorme. Ses achats, ses rendez-vous, ses visites aux magasins, le tabac qu'il lui fallait fumer, tout le liquide qu'il lui fallait absorber, car, en Hollande, l'air vif altère : tant d'occupations, cependant, lui laissaient vides les soirées.

Or, il y avait à Rotterdam, en ce moment, sur le Boompjes, dans une délicieuse maison toute entourée d'arbres et revêtue de marbre, afin qu'elle fut plus facile à laver, il y avait une femme belle et coquette, madame Van Graaft, dont le mari, orangiste fanatique, voyageait aux Indes pour ne pas saluer MM. de Witt, qu'il exécrait.

Ce Van Graaft était riche à plusieurs millions de florins. Il idolâtrait le prince Guillaume d'Orange et aimait seulement sa femme. Pour l'un, il se fût fait couper en morceaux ; il eût assassiné l'autre au premier soupçon. Toutefois, comme on est Hollandais, qu'on a des comptoirs, qu'il faut y recevoir l'argent, et que les affaires doivent se faire, Van Graaft avait laissé sa femme à Rotterdam, à la tête de l'établissement gigantesque auquel Louvois fit les plus importants de ses achats.

Madame Van Graaft s'appelait Eléonore. Elle avait vingt-cinq ans, des yeux noirs comme de l'ébène : on eût dit une Géorgienne à la peau de satin. Rubens dut l'avoir rêvée lorsqu'il peignit ses Naïades. Bonne Hollandaise aussi, mais femme, elle aimait les douceurs plus que les florins. Lorsqu'elle vit un beau facteur de trente ans, plus poli qu'un Allemand, plus riche qu'un Hollandais, un homme qui savait regarder la marchande en examinant le salpêtre, un négociant qui s'oubliait à causer fleurs et musique au milieu d'un marché de cinq cent mille florins et payait comptant, et baisait les doigts qui venaient de signer l'acquit, madame Van Graaft subit ce charme inexprimable qui s'exhale de la politesse et de l'esprit. Louvois la trouvant utile, elle crut comprendre qu'il la trouvait belle ; il ne sortait point des magasins, parce qu'il y avait affaire ; elle se figura qu'il n'achetait tant que pour la voir plus. Après les journées qu'il demandait, elle lui offrit les soirées, qu'il n'eût jamais demandées. Il accepta, et n'ayant plus à parler de chiffres ou de barriques, il parla d'amour avec d'autant plus de facilité que, sans s'en douter, il était devenu amoureux.

Cependant il avait besoin de faire sa tournée en Hollande. Éléonore Van Graaft, pour le retenir près d'elle, lui rendit le service de faire acheter, à son compte, tout ce dont il manquait encore. Elle fut son courtier pour les marchandises qu'elle n'avait point en magasin. Pendant quinze jours, Louvois vécut, moitié caché, moitié visible, dans les comptoirs ou sur le quai de la Meuse, dans les salons ou le boudoir de la maison de marbre, et, pendant ces quinze jours, passés à Rotterdam, il oublia madame de Louvois, ses fils, et sa vertu; trop heureux de n'oublier pas son ministère de la guerre, et de servir le roi aux pieds de madame Van Graaft. Jamais le roi ne fut aussi bien servi.

Mais les joies du monde sont éphémères. Lorsque madame Van Graaft et Louvois eurent épuisé tous les magasins publics et particuliers de la Hollande, lorsque sept millions y eurent été dépensés, lorsqu'il n'y eut plus, d'Anvers à Utrecht, un projectile, une mèche ou une livre de poudre qui ne portât l'estampille du facteur Brossmann (c'était le nom de guerre qu'avait choisi Louvois); lorsqu'après Cannes, Louvois commençait Capoue, un soir, à Leyde, où ils étaient allés en promenade, Louvois, donnant la main à

Eléonore pour sortir du bateau, fut reconnu par un homme qui cria : Voilà M. de Louvois!

Il y avait là, sur le quai, une certaine foule de ces mendiants ou désœuvrés qui regardent le bas des jupes brodées ou tendent le chapeau à chaque manchette de dentelles. Le nom de Louvois, en Hollande, jouissait de la plus fâcheuse célébrité. C'était lui qui avait fait rejeter les propositions amicales faites par la Hollande à Louis XIV. On le savait un satellite fanatique du fameux Soleil, ennemi des Hollandais. S'appeler Louvois à pareille heure, et ne pas renier son nom, c'était s'exposer à être déchiré.

Louvois ne se le fit pas répéter. Sans quitter la main de madame Van Graaft, il hâta le pas. En vain épouvantée, demi-morte d'inquiétude, questionna-t-elle le faux négociant; en vain le supplia-t-elle avec toute l'éloquence d'une femme qui aime et qui tremble d'avoir été trompée, Louvois ne répliqua pas. Tandis que La Goberge et l'autre serviteur écartaient ou contenaient les curieux, il gagna le faubourg, se rendit à la poste, déposa un baiser sur le front de la pauvre femme évanouie, et s'enfuit au galop jusqu'à la frontière, où ses compagnons le rejoignirent.

Un mois après, Louis XIV déclarait la

guerre à la Hollande, dépourvue de munitions et de vivres. Six mois après, les deux frères de Witt étaient massacrés par la populace d'Amsterdam, qui les accusait de s'être vendus à la France; cette même ville rompait les écluses et les digues pour arrêter l'invasion des Français triomphants. Enfin, l'année suivante, devant Maëstricht, assiégée par Louis en personne, M. de Louvois, en sortant le matin de sa tente, trouva une caisse de bois de rose sculptée à jour, dans laquelle était couché un enfant vivant. Aux langes de l'innocente créature on avait attaché une épingle de diamants, cette lettre écrite en hollandais :

« Mon mari a tout appris, il m'a tuée

d'un coup de pistolet. Voici mon enfant.
Elle s'appelle Antoinette. Adieu. »

Louvois pâlit, s'appuya sur le coffre et
fut pris d'un tremblement nerveux qui
ne le quitta point durant plusieurs heures.

Qui avait apporté là cet enfant? Un
grenadier en faction arpentait le devant
de la tente; il déclara n'avoir rien vu,
rien entendu. Cela parut suspect au marquis, mais comment aller aux éclaircis-
sements, alors qu'il fallait tout ensevelir dans le plus profond silence?

Ce grenadier, nommé Gilbert, fut envoyé à la tranchée le jour même. La mort ne voulut pas de lui, bien qu'il eût été mis à un poste d'où personne ne revient, mais il perdit une jambe, et le vent d'un boulet lui sécha les yeux. C'était ce soldat à qui Louvois, toujours implacable dans ses ressentiments, refusait plus tard les Invalides, tant qu'il n'avouerait pas ce qu'il ne pouvait avouer, prétendant ne savoir rien. Gilbert était un beau garçon, un brave Picard, qui s'était marié quinze jours avant d'entrer en campagne : le malheureux, en revenant au pays, boiteux et aveugle, trouva près du berceau de leur petite Violette, sa femme morte de misère et de douleur. Et sans la charité de la dame de sa paroisse, la pauvre Violette aussi fût morte; chétive enfant, qui ne pouvait nourrir son père, et que son père ne pouvait nourrir.

Louvois, cause de tous ces malheurs, ensevelit son secret, qui l'eût rendu la fable de la cour. Nous avons vu ce qu'il fit d'Antoinette, comment une vieille gouvernante, dévouée aux Letellier, se chargea d'éteindre à jamais cette lugubre aventure. Louvois eut toujours peur de sa fille, comme on a peur d'un spectre qui vient évoquer le passé. Peu à peu, Antoinette, en grandissant, rendit plus douloureux ce remords du sombre ministre. Elle fut vouée à un éternel oubli. Louvois ne voulait rougir ni devant son roi, qui du moins embrassait ses bâtards, ni devant ses fils, déjà grands, qu'il abreuvait de morale, ni devant l'opinion, qui le dévorait tout vivant, malgré son enveloppe d'homme austère.

.

Dix-sept années passèrent ainsi. L'histoire dit comment Louvois les employa. Antoinette a raconté à Gérard ce qu'elle en fit dans son ombre. Des deux compagnons que Louvois avait emmenés en Hollande et qui avaient pu pénétrer sa liaison avec madame Graaft, l'un était mort; La Goberge avait survécu. Il gênait le ministre, dont il était l'homme de main, l'espion, et dont il se défiait. Une fois délivré d'Antoinette, le marquis eût songé à s'affranchir de La Goberge.

Voilà, bien complétement dessiné le personnage que nous avons vu aux Filles-Bleues enlever cette jeune fille, à laquelle le hasard et l'amour de Gérard voulaient rendre la liberté. Voilà pourquoi Louvois avait intercepté les lettres des deux amants, fait épier Gérard. Il voulait voir jusqu'où irait cette folie de jeune homme. Il voulait juger le caractère d'Antoinette par la première perspective qu'elle ouvrirait. Lorsqu'Antoinette, poussée à bout, menacée de vœux éternels, écrivit à Gérard cette lettre désespérée qui toucha Catinat et envoya Belair en France, la jeune fille crut corrompre une des sœurs gardiennes pour qu'elle envoyât cette lettre par la poste à l'armée d'Italie. La sœur gardienne était un espion qui trahit Antoinette, et donna son billet à la supérieure. Celle-ci l'envoya au ministre sur-le-champ. Louvois, au lieu de brûler ce papier, réfléchit que c'était inutile, que peut-être la jeune fille en avait écrit deux, dont l'autre avait chance de parvenir à Gérard.

Il commença son épreuve, fit tenir la

missive à M. de Lavernie, sur lequel il avait pris ses informations. De deux choses l'une, se dit Louvois, ou Catinat refusera la permission ou il l'accordera. S'il refuse, je surprendrai la jeune fille en flagrant délit de conspiration contre la règle, et je la ferai religieuse le jour même. Ou ce Gérard de Lavernie aura eu le temps d'arriver aux Filles - Bleues, chose difficile, mais tout est possible à son âge, et alors je le laisserai s'avancer assez pour qu'il se compromette. La Goberge et moi nous l'arrêterons, l'épée à la main, avant que rien ait transpiré. L'amant aura la Bastille ou la mort, l'amante aura le cloître : triple tombeau dans lequel dorment, sans s'éveiller jamais, les secrets les plus bruyants de ce monde.

On a vu comment Belair avait déjoué ce plan hardi; on sait comment Louvois, ivre de terreur et de rage, s'était emporté jusqu'à reprendre à madame de Lavernie le dépôt que lui avait confié son fils, et pour la défense duquel, mère intrépide, elle était morte, hélas! infructueusement.

Pour reprendre Antoinette, pour l'empêcher de parler, pour l'ensevelir à jamais dans un autre couvent, Louvois venait de tuer une femme, de se compromettre lui-même et de se faire un irréconciliable ennemi. Mais rien n'arrêterait cette fougueuse colère une fois déchaînée. Que pesait la vie d'une femme, quand il s'agissait de l'intérêt de M. de Louvois ! Qu'était-ce qu'un lieutenant de dragons auprès du ministre de la guerre !

Aussi le marquis, sans se préoccuper de ce qui se passerait à Lavernie après son départ, courut-il enfermer Antoinette dans un cloître moins accessible aux aventures. Sa haine pour Gérard se doubla du mal qu'il venait de lui faire, et du nom de Maintenon, que sa mère avait invoqué avant de mourir. Faisant la guerre à la protectrice, comment n'eût-il pas cherché à perdre le protégé!

En attendant, comme il n'avait rien de plus à voir que ce qu'il avait vu, comme la victoire de Staffarde pouvait avoir réveillé à la cour des sentiments de joie désobligeants pour lui, l'adversaire de Catinat; comme d'ailleurs quelque chose l'avertissait qu'il avait besoin de retourner auprès du roi, Louvois revint comme la foudre et traversa Paris le soir même du jour où s'était passée la scène de l'acte de mariage.

Il avait pour principe qu'en arrivant à

l'improviste, un homme surprend toujours en faute ses amis ou ses ennemis. Il ne fut pas long-temps à s'applaudir d'être revenu.

A la sortie de Sèvres, un carrosse arriva sur lui avec un bruit épouvantable. La nuit était noire, le chemin embarrassé du pavé qu'on réparait; Louvois, en simple chaise, ne faisait pas grand étalage.

Dans le carrosse qui venait, au contraire, chevaux, cochers, laquais, tout piaffait, hennissait et criait pour demander le passage. L'heureux conflit des deux postillons pour le haut du pavé, força les maîtres de se déclarer.

—Monseigneur l'archevêque de Paris! vociféra le cocher de M. de Harlay, place!

— M. le marquis de Louvois! place! cria le postillon de la chaise.

Mais, au bruit de ces deux noms si considérables, l'archevêque et Louvois avaient mis pied à terre en poussant, l'un une exclamation de joie, l'autre un cri de surprise, et ils se précipitaient l'un vers l'autre, emportés chacun par leur intérêt passionné.

L'archevêque parla le premier.

— Ah! Monsieur, je vous demandais à tous les saints du paradis, s'écria-t-il.

— Monsieur, c'est bien de l'honneur pour moi; mais comment me demandiez-vous, puisque vous me saviez absent?

— Et c'était là toute ma douleur, que vous fussiez absent, M. de Louvois.

— Enfin, les saints à qui vous me réclamiez vous ont exaucé, me voici... J'arrive tout présentement, — vous en avez l'étrenne.

L'archevêque se rapprocha encore, et, montrant au ministre un visage absolument bouleversé :

— Vous plairait-il d'échanger un mot dans votre carrosse ou dans le mien ?

— De tout mon cœur, M. l'archevêque, dans ma chaise, par exemple, que voici plus près de nous. Là, nous y sommes installés. Descends, postillon! Je suppose, en éloignant ce garçon, que vous avez à me communiquer des choses d'importance.

— Monsieur, dit le désolé prélat, je sors de chez M. le lieutenant de police.

— Eh! à quel propos?

— On m'a volé!

— Bon!... votre argenterie?

— Pis que cela, bon Dieu! Mais enfin,

je vous trouve... tout n'est peut-être pas encore perdu.

— Est-ce moi que vous soupçonneriez, dit Louvois, en raillant du bout des dents.

— Non, monsieur; mais le lieutenant de police m'affirmait tout-à-l'heure que vous connaissez mon larron.

Louvois se détourna, pour qu'à la lueur des fallots qui précédaient l'archevêque, ce dernier ne pût le voir rougir.

— M. le lieutenant de police a dit cela, reprit-il, c'est un homme qui en sait long. Voyons s'il n'en saurait pas plus que moi-même ; mais, d'abord, veuillez m'apprendre ce qu'on vous a dérobé ?

Ici, l'œil inquisiteur de Louvois plongea comme une flamme aigüe dans les yeux incertains du prélat.

— Un papier... balbutia M. de Harlay.

— Quel papier ?

Mais...

— Ah! c'est un secret. Fort bien.

— Un secret si l'on veut.

— Passons, passons, et je connais le voleur?

— Desbuttes, mon ancien valet de chambre.

— Qu'est-ce que cela, Desbuttes?

— M. le lieutenant de police... a dit...

— Quoi?... Voyons, monsieur l'archevêque?

— Eh bien! reprit le prélat en s'animant, car la circonstance devenait difficile, M. le lieutenant de police affirme que ce Desbuttes a obtenu, par votre crédit, un emploi dans les vivres de l'armée que vous formez en Flandre.

— J'ignore si cela est. Mais, quand cela serait, M. l'archevêque? dit Louvois avec son plus désagréable froncement de sourcils.

— Assurément, vous avez le droit de protéger qui bon vous semble, monsieur; mais si vous saviez...

— Comment saurai-je ce que vous ne voulez pas me dire?

— Oh !.vouloir... et pouvoir !

— C'est donc un secret... bien secret ?

— N'en croyez rien, dit vivement l'archevêque ; je n'aurais pas de réticences avec vous.

—Maintenant, vous m'avez accusé : je vais me défendre.

— Accusé, vous !

— Sans doute, puisque vous me reprochez de protéger un voleur !

— M. le lieutenant de police...

—Oui, vous l'a affirmé, c'est convenu. Mais, pour affirmer, il aura eu des preuves que ce Desbuttes est un voleur?

L'archevêque leva les mains au ciel.

— Alors, nous allons faire appréhender au corps ledit Desbuttes. On le serrera et il parlera.

— Grand Dieu! s'écria l'archevêque.

— Il parlera, continua Louvois. Et, s'il

est convaincu d'avoir volé, il sera pendu.
Voilà comme je protége, moi.

— Monsieur, monsieur, calmez-vous !
Pas d'éclat !

— Pourquoi faire? Est-ce que la lumière gênerait quelqu'un ?

— Oh !...

Ce oh ! était tout un poème. Il eût donné à Louvois l'explication des terreurs de M. de Harlay, lors même qu'il n'eût pas su, mieux que le prélat, toute l'histoire.

— Je vous baise les mains, poursuivit Louvois, et je vais faire expédier l'ordre de faire arrêter ce Desbuttes partout où il se trouvera. Je vois pour quelle raison vous me demandiez à tous les saints du Paradis. Soyez tranquille, votre voleur va vous être amené, pieds et poings liés.

— Monsieur de Louvois, au nom du Ciel, écoutez-moi, s'écria le prélat, en retenant par sa manche le ministre, qui se disposait à faire remonter à cheval son postillon, permettez-moi de vous dire toute la vérité.

—Je ne vous demande pas autre chose,

Monsieur, depuis que j'ai eu l'honneur de vous rencontrer; c'est vous qui ne pouvez pas me la dire.

—Si vous avez l'extrême obligeance de m'envoyer ce Desbuttes chez moi, tâchez qu'il ne parle à personne et que personne ne lui parle. Il faut tout vous dire : ce papier, il ne l'a pas volé, mais égaré.

— Alors, ce n'est pas un voleur, interrompit Louvois, et nous aurions tort de le faire pendre; à moins que l'objet perdu n'ait une valeur telle, que la négligence du malheureux ne puisse être appelée un crime. On a vu de ces accidents là.

—Voilà précisément le cas dans lequel je me trouve, s'écria l'archevêque. Entre nous, il s'agit d'une lettre... d'une lettre de femme, et un archevêque, vous comprenez...

— Mais, monsieur l'archevêque, si, à votre âge, vous recevez des lettres de femme, c'est déjà assez mal; pourquoi les confier encore à un valet de chambre? On blâmerait un capitaine de cavalerie qui en agirait de la sorte.

— Je ne l'ai pas confiée à Desbuttes; non, oh! non. Monsieur, voici comment la chose s'est passée. Cette lettre était restée dans la poche de ma culotte.

— Imprudence !

— Sans doute; mais enfin j'enferme mes culottes, monsieur, je n'ai rien à me reprocher sous ce rapport là.

Louvois ne put réprimer un sourire; il se rappelait ce que l'archevêque ne savait pas.

— Eh bien ! poursuivit M. de Harlay, Desbuttes a un jour vendu plus de cinquante culottes à un fripier qui passait devant mon hôtel.

— C'était son droit ; mon valet de chambre a mes hardes. Est-ce que ce n'est pas l'habitude de votre maison ?

— Mais cette malheureuse lettre, monsieur, a été vendue avec.

— Bon ! qui saura cela ? Cette lettre n'est probablement pas signée. Le fripier ne s'en ira pas vanter... D'ailleurs, vous me demanderiez de le faire enfermer à la Bastille... Voulez-vous que je m'en occupe ?

— Hélas! le retrouvera-t-on, seulement?

— On retrouve bien des choses. Je n'ai pas encore cherché des fripiers, mais j'essaierai.

— En attendant, je suis perdu.

— Pourquoi!

— Monsieur de Louvois, retrouvez-moi Desbuttes, retrouvez-moi le fripier, retrouvez-moi ma culotte, et ce qu'elle renfermait, sinon ma disgrâce est certaine.

Louvois fit un soubresaut.

— Votre disgrâce? dit-il.

— Le roi sait tout, s'écria l'archevêque en se frappant le front avec désespoir.

Il n'eut pas plus tôt achevé cette parole, dont il ne calculait point la portée, que Louvois l'interrompant :

— Le roi, dites vous, sait que vous avez perdu ce papier ?

— Oui.

— Il vous l'a dit ?

— Je le quitte.

— Eh ! monsieur, s'écria brutalement Louvois en le poussant hors de sa chaise, que ne commenciez-vous par me dire cela ! Postillon, postillon, à Versailles !

Et, coupant court à toutes cérémonies, le ministre lança ses chevaux sur la route, au milieu de laquelle, béant et plus consterné que jamais, l'archevêque regardait s'enfuir ce tourbillon de bruit et de poussière.

VII

ÉCHEC A LA REINE.

Louvois savait mieux que personne à quel point l'archevêque mentait. C'était lui qui, dévoré du désir d'apprendre ce que le roi et madame de Maintenon lui cachaient avec tant de soin, s'était ménagé une entrée à l'Archevêché, avait expédié La Goberge, travesti en marchand d'habits, pour séduire Desbuttes, acheter les fameuses culottes entassées par le prélat dans ses archives, et trouvé le fameux acte de mariage dans la poche où il le soupçonnait d'être. C'était lui, enfin, qui tenait ce secret d'État, ce terrible secret, dont la révélation eût à l'instant changé l'équilibre européen.

Il s'était effrayé de voir le lieutenant de police sur la trace de cette intrigue ; mais il avait pour certain que ce magistrat ignorait l'importance du vol commis à l'archevêché et le contenu de la poche.

Ce qu'il y avait de bien autrement effrayant, c'était la colère de madame de Maintenon, quand elle apprendrait la perte de son acte de mariage. Ce qu'il y avait de curieux à savoir, c'était la conduite que tiendrait le roi. Louvois guettait les deux époux depuis le jour où il avait trouvé la preuve de leur union, et s'était juré que désormais ni le roi ni madame de Maintenon ne feraient un pas sans qu'il les sentît tressaillir au bout du fil par lequel il les tenait.

La marquise, pensa Louvois, avait mandé M. de Harlay pour avoir son acte. Donc, elle en avait besoin pour quelque manœuvre nouvelle. L'archevêque avait dû refuser ce qu'il n'avait plus. Il avait couru, éploré, chez le lieutenant de police, au risque de tout compromettre ; au risque de tout perdre, il venait d'implorer Louvois lui-même pour ressaisir Desbuttes et le papier magique. Pour que tout cela eût été fait par un homme aussi délié que l'était M. de Harlay, ne fallait-il pas que le feu fût à Versailles?

Oh! quand une pareille idée stimulait Louvois, comme il courait! Quand il s'agissait de ruiner un ennemi, de déjouer une intrigue, d'opposer la ruse au piége, la violence à l'action, comme il se développait! Comme il frappait si la résistance en valait la peine ! Quel terrible limier pour éventer la proie, la suivre, l'attaquer et savourer la jouissance de ses morsures ! Certes, c'était une belle proie à déchirer qu'une ennemie à moitié reine !

Louvois, tout en courant, fouilla dans son portefeuille qui jamais ne le quittait. Il y sentit, car on n'y voyait goutte, un papier plié en quatre, qu'il reconnut pour l'avoir tant de fois manié. Et bientôt ses chevaux écumans le déposèrent au petit perron, où, s'étant fait reconnaître, non sans une grande stupeur de Bontemps qui le croyait bien loin, il envoya celui-ci prévenir le roi dans la salle à manger.

Louis XIV en était aux confitures, et les assistants commentaient encore les paroles de bon augure prononcées par Sa Majesté, à propos de Catinat vainqueur à Staffarde, quand Bontemps parut sur le seuil avec une de ces figures affairées qui, partout et toujours, effarouchent les grâces. Il s'approcha de l'oreille du maître, et s'acquitta de sa commission.

Le roi, qui lisait si bien sur les visages, et qui possédait un tact infaillible, supposa que Louvois n'arrivait pas ainsi sans apporter quelque importante nouvelle. Il affecta d'accueillir Bontemps d'une manière agréable, but un dernier verre de Malaga, et se leva de table pour passer dans son cabinet.

Le gros des courtisans demeura dans la galerie jusqu'à l'annonce du coucher du roi.

Cependant Louvois attendait son maître. Celui-ci, luttant contre l'ennui de troubler sa digestion par une contrariété, celui-là fourbissant toutes ses armes pour le combat qu'il méditait.

Le roi s'assit en regardant Louvois avec ses grands yeux clairs, dont l'éclat était si redoutable aux courtisans. Louvois soutint ce regard parce qu'il y voulait lui-même lire quelque chose.

— Eh bien, Louvois, quoi de nouveau? dit Louis XIV. Vous arrivez ?

— A l'instant, sire.

— J'ai craint, quand vous vous êtes fait annoncer si précipitamment, que vous n'eussiez un contretemps à m'annoncer.

— Aucun, sire.

— Vous aurez appris notre victoire de Staffarde ?

— Avec une joie qui ne se peut comparer à rien.

— Vous en doutiez, peut-être ?

— Votre Majesté battra toujours M. de Savoie, dit Louvois, c'est dans l'ordre.

— J'écrirai à Catinat combien il m'a fait de plaisir ; c'est un homme de bien, un officier plein de mérite, repartit le roi, heureux d'abattre, chaque fois qu'il en trouvait l'occasion, cet orgueil de Louvois et ses méchantes idées contre les hommes de génie qui ne lui faisaient pas la cour.

Mais ce jour-là, Louvois n'était pas pointilleux ; ce n'était pas de Catinat qu'il s'agissait pour lui. Il saurait bien le le retrouver plus tard. Plutôt que de répondre la dureté que le roi attendait, il se tut.

— Vous avez ouï parler de la joie que

cause cette victoire? poursuivit le roi afin d'irriter son ministre.

— Sire, répliqua Louvois en crispant ses doigts, personne ne peut encore savoir la nouvelle, qui est arrivée seulement ce soir à Votre Majesté. D'ailleurs, j'apportais au roi ma nouvelle aussi, moi, et, si importante que soit la victoire de Staffarde, j'en prévois peut-être de plus éclatantes et de plus utiles.

— Où cela? demanda le roi.

— Dans l'idée que j'ai l'honneur de venir soumettre à Votre Majesté.

— Voyons, Louvois, parlez, dit vivement Louis XIV.

— Ah! pensa le ministre, l'appât produit son effet.

— Sire, continua-t-il tout haut, les grands triomphes, les véritables, ne s'acquièrent pas sans difficultés.

— Vous n'en connaissez guère, Louvois.

— Quand il s'agit de servir mon roi, c'est vrai, sire; cependant consommer la ruine de l'empereur, abattre l'orgueil et la persévérance du roi d'Angleterre... pardon, je veux dire de Guillaume d'Orange, briser la ligue formée à Augsbourg par l'Europe jalouse de Votre Majesté, et inaugurer la campagne par un coup de tonnerre dont soient ébranlés tous les trônes de vos ennemis, ce n'est pas chose facile, j'ose le dire.

— Marquis de Louvois, dit le roi avec un visage enflammé, réfléchissez-vous bien au programme que vous venez de tracer ! Seriez-vous poète par hasard ? Quelles merveilles me promettez-vous là ? Battre l'empereur et M. le prince d'Orange à la fois... briser la ligue... me donner la suprématie en Europe... Quelle guerre!...

— Oui, sire.

— Mais sur quel terrain les battre?

— Sur le leur.

— Les Flandres nous sont fermées.

— On en prendra la clé.

— Mons est la clé des Flandres.

—Le génie de V. M. a deviné mon plan. Il nous faut prendre Mons.

Le roi fit un bond ;—très flatté du compliment de Louvois, il ne put s'empêcher de s'écrier :

— Mais Mons est imprenable ; là sont les magasins, les ressources de la ligue.

— Votre Majesté admet-elle que si l'on prenait Mons, l'empereur et Guillaume d'Orange ne s'en relèveraient pas d'une année ?

— Certes oui, je l'admets ; c'est évident !

— Eh bien ! Mons est pris.

— Marquis, marquis, rien que pour investir la place, il faut cent mille hommes !

— Je les tiens.

— Dix millions !

— Les fonds sont dans mes caisses.

— Six mois de vivres ! d'immenses munitions !

— Mes courtiers les achètent.

— Enfin, l'empereur est sur ses gardes.

— L'empereur est épuisé par ses revers en Hongrie.

— Le prince d'Orange est revenu d'Angleterre en Hollande, à portée de canon de Mons.

— Il chasse tranquillement à sa maison de Loo, et soigne son asthme. Quand il tousse, il n'entend pas le canon.

— Le siége durera six mois; en six mois, l'empereur aura réparé ses pertes;

le prince d'Orange sera las de chasser ; ses médecins l'auront guéri.

— Sire, Mons sera pris en quinze jours.

— En quinze jours, Louvois ! Dieu le voudrait-il ?... Il est vrai que j'ai Vauban.

— Vauban et moi, répliqua Louvois blessé ; moi qui ai tout préparé dans un mystère impénétrable, moi qui engage ma tête que l'entreprise réussira. Mais pour qu'elle réussisse, il faut... Ah ! c'est bien difficile.

— Vous aviez tout aplani, disiez-vous, murmura le roi, interrompu à regret dans ce beau rêve.

— Excepté une chose, sire.

— Quoi donc, enfin ?

Louvois baissa la tête sournoisement.

— Tu as mordu à l'hameçon, grand roi, se dit-il; maintenant je tiens la ligne : à mon tour !

— Eh bien? repartit Louis XIV.

— Eh bien, sire, il faudrait que Votre Majesté quittât Versailles et commandât l'armée en personne. Quitter Versailles, c'est peut-être impossible en ce moment?

— Pourquoi ? demanda le roi, rougissant sous le regard inquisiteur de Louvois.

—Votre Majesté a peut-être des affaires bien particulières ; mais, hélas ! sire, il ne m'appartient pas d'interroger le roi ; je répète seulement ce qu'on ma dit.

— Comment ! vous arrivez à peine, s'écria le monarque de plus en plus embarrassé, vous arrivez, et déjà vous auriez ouï-dire de pareilles choses? Quelles gens avez-vous donc vus.

Louis XIV ne s'apercevait point qu'avec cette imprudente question, il donnait à Louvois l'occasion tant désirée d'entrer en matière.

— Sire, je n'ai encore vu personne, repartit Louvois impatient d'en venir au fait. Je me trompe, j'ai vu quelqu'un en route, par hasard.

— Qui donc? demanda le roi étonné

du ton doucereux avec lequel ces paroroles venaient d'être prononcées.

— Un homme qui s'intéresse aux arts de la paix plus qu'à ceux de la guerre : un prélat, M. l'archevêque de Paris qui sortait de chez V. M.

Le roi fit un mouvement d'effroi que Louvois saisit avec délices. Dans ce duel, il avait touché le premier.

Ce fut au roi à garder silence.

— Monsieur de Paris, continua Louvois, m'a paru bien inquiet, bien tourmenté même.

Nouveau tressaillement du roi, qui, cette fois, se leva et se mit à arpenter son cabinet les mains jointes.

— Il faudra bien qu'il parle, pensa Louvois plus que jamais sur la défensive.

Le roi s'arrêtant devant le ministre qui le couvait avidement du regard :

— M. de Paris, dit-il, avait bien raison de se tourmenter... car il est cause d'un événement bien grave.

— Parle donc, pensa Louvois.

—Quoi donc, sire? dit-il, avec empressement.

— Rien, monsieur de Louvois, rien, repartit le roi en joignant ses mains de nouveau et recommençant sa promenade inquiète.

Louvois savait par expérience que Louis XIV était l'homme le plus secret du royaume. Ce qu'il ne voulait pas dire, aucune force, aucune ruse ne le lui eût extorqué. Que devenir, si le roi prenait un parti sans l'en instruire? Déjà, malgré lui le mariage s'était fait; depuis ce jour, plus de sommeil pour Louvois. Le roi venait de regarder l'heure; peut-être allait-il se coucher? Entre aujourd'hui et demain, une éternité de doute et d'appréhensions! Louvois se jeta en avant avec sa fougue irrésistible.

— Sire! s'écria-t-il, V. M. ne voit donc pas que depuis mon arrivée je meurs de honte et de douleur?

Le roi s'arrêta.

— Vous!.. Pourquoi? balbutia-t-il.

— Parce que j'ai perdu la confiance de mon maître, et que, pour cela, je dois avoir commis quelque crime énorme. Dites-moi mon crime, Sire !

— Louvois, je ne vous comprends pas.

— Il y a quatre ans, poursuivit le ministre, Votre Majesté, en danger de mort, et plus près de la main de Dieu que du ciseau des chirurgiens, m'appela, me livra son secret, me confia les affaires de son Etat. Ai-je démérité? Jour et nuit n'ai-je pas travaillé ? Ma santé, mon bien, ma vie, n'ai-je pas donné tout à Votre Majesté ? C'est mon devoir bien humblement rempli, mais je l'ai rempli. Cependant, sire, vous m'en récompensez en me cachant ce que vous avez avoué à l'archevêque de Paris, un serviteur plus habile peut-être mais moins dévoué, je le jure.

— Je ne vous cache rien, marquis de Louvois, dit Louis XIV avec dignité, avec émotion même, car il aimait qu'on s'échauffât en protestations de zèle. Vous étiez opposé à ce que je faisais. Ma conscience m'ordonnait de le faire. Me taire, me cacher de vous, c'était vous prouver mon attachement. Mais aujourd'hui, continua-t-il, rien ne s'oppose plus à ce que je vous parle. Il y a plus, je dois vous confier ce que toute l'Europe saura demain, monsieur de Louvois. Il y a quelques années, j'ai dû épouser secrètement madame la marquise de Maintenon. Demain, ce mariage sera déclaré. Vous aurez soin que ma volonté s'exécute dans les formes voulues.

La foudre tombant en plein Versailles et broyant autour de Louvois, lambris, colonnes et parquets, ne l'eût pas à ce point suffoqué de surprise et de terreur.

— Déclarer ce mariage ! murmura-t-il

tout pâle de rage et s'accrochant au tapis de la table pour ne pas chanceler.

Le roi se détourna pour ne pas voir ce visage effrayant.

— Vous m'avez entendu ? dit-il.

Et il fit trois pas vers la porte du cabinet.

— Sire, bégaya Louvois tantôt violet, tantôt livide, et laissant couler de son front les larges gouttes de sueur d'un homme à l'agonie, vous ne me répéterez pas cet ordre.

Le roi fit volte-face et se posa devant son ministre dans la plus superbe attitude d'un Jupiter menaçant.

— Pourquoi ? dit-il.

— Parce que, s'écria Louvois en tirant son épée, dont il tendit la poignée à Louis XIV, parce que je vais manquer de respect à mon maître, et que, je l'espère, il me tuera d'un coup de cette épée, ou me forcera de me tuer moi-même, s'il refuse de m'entendre quand je veux parler pour sa gloire et pour l'honneur de la France.

A ces mots, il se précipita aux pieds du roi, lui saisissant la main pour y placer ce fer que Louis XIV repoussait en frémissant.

— Sire, ajouta Louvois en se traînant à la suite du roi qui l'évitait sans pouvoir s'en défaire, on m'a méprisé, accusé, pour avoir trop bien servi ; on m'a nommé le boute-feu du Palatinat, le bourreau des huguenots; je porte sur mon front cette double tache, je me suis déshonoré pour vous, vous m'écouterez ou vous tuerez mon corps comme déjà vous avez tué mon ame! Sire, vous ne donnerez pas pour mère à vos enfans la veuve du grotesque poète Scarron. Vous n'imposerez pas pour reine à votre noblesse, l'ancienne servante d'un gentillâtre de village. Je sais bien que je vous blesse, mais tuez-moi ; je sais bien que je mérite la mort, mais puisque vous repoussez mon épée, je réclame l'échafaud pour que l'on m'entende mieux proclamer la vérité.

— Monsieur, vous êtes insensé, répondit le roi tremblant que cette scène ne fût entendue, car Louvois ne se ménageait plus et le désespoir lui donnait une voix retentissante.

— Oui, insensé, continua-t-il, comme

les prophètes de malheur, insensé comme Jérémie, comme Cassandre, insensé comme les martyrs qui mouraient pour glorifier Dieu. Vous êtes mon Dieu, Sire, tuez-moi, mais ne déshonorez pas mon idole.

Le roi, épuisé, tomba dans un fauteuil ; Louvois lui baisa les pieds en versant un torrent de larmes. Cette scène pouvait à bon droit épouvanter Louis XIV. Louvois fulminant était bien moins à craindre que Louvois en pleurs ; mais ces moyens dramatiques ne pouvaient manquer leur effet sur ce prince que l'on appelait un roi de théâtre, et Louis d'une voix attendrie, altérée, finit par dire au ministre :

— Louvois, ce que je fais, il m'est impossible de ne le pas faire.

Louvois prosterné se releva sur ses deux genoux.

— Ecoutez-moi, continua Louis XIV, j'avais épousé madame de Maintenon par conscience, et ce mariage devait demeurer à jamais secret ; elle-même l'avait exigé de moi.

Un imperceptible sourire glissa sur

les lèvres encore frémissantes du ministre.

— Je n'ai aucune raison de suspecter le désintéressement de la marquise, dit le roi avec une hauteur qui montra bien vite à Louvois l'imprudence qu'il commettrait en dévoilant sa pensée. La marquise était, vous dis-je, résolue à garder le silence. Femme austère et probe avant tout (Louvois ici ne sourcilla plus), elle ne cherchait qu'une occasion de calmer sa conscience et de vivre en paix avec la religion, qui commande les liaisons légitimes. Ce mariage s'est donc accompli. Mais voilà qu'un fait nouveau se révèle. Le secret qui nous appartenait, à la marquise et à moi, n'est plus à nous. On l'a volé à M. de Harlay, l'indigne dépositaire de notre confidence. Ce secret, quelque misérable peut l'exploiter, le divulguer par toute l'Europe dont il nous rendra la fable et la risée; moi, le roi, qui n'aurai pas osé être honnête homme; elle, la vertueuse et légitime épouse qui se sera humiliée si longtemps par ma faute. Je n'ai plus à hésiter. Le vol de notre acte de mariage me décide.

Avant qu'on en ait fait l'usage que je redoute, je noierai tous ces mystères dans une si flamboyante publicité, que tous ceux-là en seront éblouis qui seraient tentés de regarder de trop près les affaires de mon ménage. Voilà ma pensée, Louvois, je ne vous blâme pas de m'avoir dit la vôtre, bien que votre zèle vous ait entraîné loin des limites du respect que je vous commande d'avoir pour une femme dont vous savez à présent le titre et les droits.

Louvois se leva tout-à-fait, et s'inclinant profondément devant son maître, il exhala de sa large poitrine un soupir avec lequel s'envolèrent tous ses chagrins. Ce visage, flétri par les angoisses, était déjà rasséréné; plus de larmes dans les yeux, plus de sourire méchant sur les lèvres. Louvois avait vaincu, et désormais ne songeait plus qu'à ménager habilement son adversaire, et à tirer tous les fruits de sa victoire.

—Je vous ai convaincu, dit le roi, j'en suis charmé, vous, le plus rude antagoniste de madame la marquise.

—Moi, répliqua Louvois, je m'applaudis de voir que Votre Majesté cède, cette fois comme toujours, à des sentiments nobles, au lieu d'écouter, comme le feraient des demi-héros, la suggestion d'un amour aveugle. Assurément, Votre Majesté n'eût jamais déclaré son mariage sans cette crainte si délicate où elle est, que le voleur de l'acte ne lui donne une publicité fâcheuse pour les deux époux. Cette déclaration est tellement impolitique! Elle va blesser si profondément toute la famille royale! Elle va ulcérer le cœur de monseigneur, celui de ses fils; elle va soulever toute la noblesse de France; enfin, elle va donner au roi, devant les autres rois de l'Europe, un tel semblant d'infériorité, que V. M., je le répète, a trop de force d'ame et de génie pour n'avoir pas prévu tant d'obstacles. En prononçant ces mots lentement et avec un respect étudié, Louvois observait l'attitude de son maître, et guettait son assentiment comme une proie dès longtemps convoitée.

— Oui, Louvois, dit le roi en fronçant le sourcil, j'ai tout prévu, et vous n'avez pas besoin d'énumérer les angoisses qui m'ont enlevé tant d'heures de bon sommeil. Ce qui arrive est indépendant de ma volonté, la brise, et je m'incline ; je veux être chrétien et honnête homme d'abord. Quant à être roi, nous verrons si quelqu'un me le contestera.

—Et, reprit Louvois, madame la marquise doit bien souffrir dans sa modestie, dans son humilité héroïque : car elle sait que la déclaration de ce mariage fera plus de tort au prince qu'elle aime que vingt batailles perdues.

—Aussi, répliqua le roi, tombant dans le piége sans s'en douter, madame de Maintenon voulait-elle pousser le désintéressement jusqu'à sortir de Versailles et s'enfermer dans un cloître aussitôt qu'elle a su la perte de cet acte de mariage. Elle n'a pas, plus que moi, le désir de publier notre union. L'un et l'autre nous nous accommoderions mieux du silence, pour l'intérêt de l'état et la paix de ma famille.

Aussitôt Louvois, avec un visage rayonnant :

— Il va donc falloir, dit-il, vous rassurer, sire, et rassurer en même temps l'illustre dame que je veux désormais, avec bien du bonheur, appeler tout bas ma maîtresse.—Car rien n'est perdu encore, et l'honneur des augustes époux ne court aucun danger, grâce à Dieu.

— Que voulez-vous dire, demanda le roi, stupéfait à la vue de cette transfiguration de son ministre.

— Sire, la faute que M. de Harlay a

commise sans le savoir, j'aurai la joie de la réparer. Cet acte volé vous forçait à déclarer le mariage au risque d'une guerre européenne et du désaveu de toute la France. Votre honneur, votre conscience y étaient engagés, vous ne pouviez reculer. Je vous approuvais de toutes mes forces, sire. Eh bien! cet acte que M. de Harlay dit lui avoir été volé, je sais où le retrouver.

— Vous!... Louvois.

—Sire, les misérables moyens ne sont pas de ceux que dédaigne la Providence, lorsqu'elle a quelque grand dessein à produire. L'acte était caché dans une poche de l'incurieux prélat. Un valet cupide a vendu les hardes de son maître à un fripier qui passait dans la rue. Pareil à ces ministres fabuleux des contes arabes, un de vos ministres a été informé de cette aventure; il sait les habitudes du prélat. Il a soupçonné que l'intérêt de Votre Majesté pouvait souffrir. Dix espions en campagne ont racheté les hardes éparses de l'archevêque. Tout cela, réuni en un bloc, a été apporté bien scellé chez le ministre, aux yeux duquel, lorsqu'il a dépouillé toutes ces poches, s'est révélé le grand secret écrit sur l'acte de mariage. Assurément, ce ministre eût rendu l'acte à madame la marquise, s'il n'eût craint d'offenser son roi en se montrant dépositaire d'un secret qu'on ne l'avait pas jugé digne de posséder. Le ministre a donc gardé précieusement l'acte, sans que personne au monde l'ait vu ou soupçonné d'exister, et, au jour du danger, quand il s'agit de sauver à son maître le présent et l'avenir, la puissance temporelle et la postérité, ce fidèle serviteur n'hésite plus, il ouvre son portefeuille, et rend au roi l'acte si miraculeusement trouvé. Sire, le voici.

En disant ces mots, Louvois, épanoui, offrit, un genou en terre, à Louis XIV, le papier plié en quatre, à la place de cette épée que, tout-à-l'heure encore, il lui tendait avec désespoir.

Louis XIV deploya la feuille de ses doigts tremblants, parcourut l'acte, et, malgré sa dissimulation si puissante, il ne put contenir un murmure de joie. Le grand roi redevenait libre. L'honnête homme s'échappait par la porte que venait de lui ouvrir l'homme habile.

Louvois le regardait en silence. Il le connaissait si bien, qu'il ne se donna plus la peine d'aider à la besogne. L'orgueil dégagé devait en faire assez à lui seul. La marquise était bien perdue.

—Cependant, objecta le roi, j'ai donné ma parole à madame la marquise.

— Oh ! sire, rendez cet acte à madame de Maintenon ; elle vous rendra votre parole.

Le roi rougit légèrement. La capitulation de conscience s'accomplissait.

—Tenez, Louvois, dit Louis XIV après un court silence, portez vous-même ce papier à la marquise.

Louvois ne s'attendait pas à ce coup;

mais il savait si bien haïr, que la joie d'humilier son ennemie l'empêcha de voir le piége épouvantable où le roi le précipitait pour s'en garantir lui-même.

— Elle va bien vous remercier, Louvois, ajouta Louis XIV; allez à Saint-Cyr demain au matin, la marquise y sera. Priez-la de se préparer à faire le voyage de Mons; j'emmène les dames.

— Merci mille fois, sire, de m'avoir choisi pour porter à madame de Maintenon ces deux bonnes nouvelles.

— En effet, je vous ai donné la préférence, répondit le roi en souriant. Je pouvais faire ce plaisir à M. de Harlay. Bonne nuit, Louvois; je vais dormir. Passez-vous avec moi par la galerie?

— Non, sire, je sortirai par les cabinets; j'aime mieux qu'on ne me sache point encore de retour, cela me procurera une grande nuit et toute la matinée pour travailler en paix.

Louis rentra chez lui, suivi de Bontemps et du médecin ordinaire, qui attendaient près de la galerie.

Louvois sortit radieux, ne touchant

plus le parquet; lui aussi se promettait de bien dormir. Au moment où il traversait le cabinet des glaces attenant à celui du roi, il faillit se heurter dans l'ombre à une grande figure immobile arrêtée auprès d'une encoignure comme une sinistre statue noire. Louvois était superstitieux — il recula. Cette statue écarta ses coiffes, sous lesquelles apparut le visage pâle et l'œil perçant de madame de Maintenon.

Louvois poussa un cri d'effroi. La marquise, d'un ton ferme, d'une voix lente, avec un effrayant sourire :

M. de Louvois, dit-elle, voilà votre commission faite. Inutile d'aller demain à Saint-Cyr.

— Vous avez entendu ? balbutia-t-il.

—Tout ; le roi possède en vous un serviteur bien adroit et bien hardi.

— Madame... en vérité... vous étiez-là!...

Et les dents du marquis s'entrechoquaient, ses cheveux se dressaient, comme s'il eût vu un spectre au lieu d'une créature vivante.

— Rien de plus naturel, M. le marquis, on m'a prévenue que vous étiez de retour, que vous aviez voulu parler au roi. Je vous connais : j'ai craint une mauvaise nouvelle, et je suis venue. J'en ai le droit, vous savez !

— Puisque vous avez entendu, madame bégaya Louvois, vous avez compris ma position?...

— Parfaitement, monsieur de Louvois, dit la marquise, du même accent vibrant et solennel.

— Voici l'acte, madame, murmura le ministre en chancelant.

La marquise repoussa du doigt le papier qu'on lui tendait ; ce doigt s'appuya sur le bras de Louvois, qui frémit comme au contact d'une pointe rougie.

— Cet acte était bien entre vos mains, et vous en avez fait un merveilleux usage, dit madame de Maintenon. Gardez-le. Il peut vous servir encore. Quant à moi, je n'en ai pas besoin. Je vous le prouverai le jour où il me sera donné de vous remercier, comme vous en êtes digne. En vous procurant cet acte, et en le rapportant si fort à propos, vous avez rendu au roi et à moi, monsieur, un de ces services qui ne s'oublient jamais. -

Vous jugerez, dès que j'en trouverai l'occasion, si j'ai bonne mémoire.—Adieu, monsieur de Louvois.

La statue s'inclina, fit une lugubre révérence, disparut de nouveau sous ses coiffes, et laissa Louvois éperdu, haletant, le bras brûlé, au milieu de toutes ces glaces, qui réflétaient son pâle visage.

— Bontemps l'a été prévenir que j'étais là, murmura-t-il. Elle a tout écouté. Si je ne la perds, je suis perdu! C'est égal, le mariage ne sera pas déclaré cette fois, et je vais distraire le roi avec un bon siége!

# VIII

UN VILAIN PETIT SEIGNEUR.

Dans un riant village situé à quelques lieues de Valenciennes, et qui se nommait alors Houdarde,—il a été brûlé, saccagé, dévoré depuis par la guerre; il n'en reste plus même le nom !—on voyait au

commencement de 1691, sur la gauche de
la route, un château avec sa ferme et ses
bois, sur la droite, quelques vingt caba-
nes, toutes gaies, toutes riches, tout épa-
nouies sous leurs manteaux de houblon
et de vignes vierges, sous l'auvent épais
de leur toiture en grosses tuiles.

Le spectacle qu'offrait alors l'unique
rue de ce village était des plus étranges,
mais à coup sûr des plus pittoresques.
Un mot d'abord du paysage. Jamais pour
peindre une vue plus agréable, huit lignes n'auront été mieux employées.

C'était en avant du petit château, sur

le bord même de la route, une tapageuse rivière de vingt pieds de large ; elle écumait sous un pont-levis baissé, dans la profondeur duquel, par des portes vitrées, on apercevait un jardin ruisselant de soleil et diapré de ces couleurs solides qui habillent les fleurs du Nord.

Les bords de cette rivière étaient peuplés de gens affairés qui emplissaient d'eau des marmites, allumaient des feux, et plongeaient dans ces marmites des volailles plus ou moins bien plumées, de larges quartiers de viande fraîche, ou des choux, des carottes et des oignons gigantesques farcis de lard, de saucisses et de jambonneaux. La flamme brillait, l'eau étincelait, la fumée des broches et des casseroles rivalisait avec l'écume froide qu'un petit vent d'est enlevait aux cascades de la rivière.

Il sortait du château par le pont-levis, et il y entrait incessamment des hommes suans et des femmes essouflées, qui tous apportaient ou remportaient un paquet de victuailles : lapins et lièvres, poissons et écrevisses en nature, s'en allaient ainsi colportés, tandis que des tourtes, des pâtés, des flancs de viande revenaient à leur place, appétissante métamorphose opérée par vingt broches et vingt fours allumés dans les maisons du village.

Les cent habitants ou habitantes de ce village préparaient ainsi le repas de noces de leur seigneur, un fameux traitant, M. Desbuttes, qui venait d'acquérir le château, le village et les vassaux, d'un seul trait de plume, pour la somme de soixante mille écus, le dixième des bénéfices qu'il avait réalisés depuis trois mois, en maniant les finances de Sa Majesté-Très-Chrétienne.

On pouvait l'apercevoir lui-même, promenant sa grandeur au milieu de son peuple. C'était un homme de trente-cinq à trente-huit ans, la mine basse, le front bombé, le visage plat, mais l'œil émerillonné, saillant comme celui des hannetons, un teint bilieux, un gros petit nez de carlin, l'oreille rouge comme la crête de ses coqs; un commencement de petit ventre sur lequel il reposait complaisamment des bras un peu courts. Il était superbement vêtu, étalait une jambe plus robuste que droite, souriait à ses vassales quand elles lui décochaient un timide regard, et bousculait jovialement ses vassaux quand la besogne ne marchait pas à sa guise. Somme toute, il s'annonçait comme un seigneur bon vivant. C'est une favorable installation qu'un pareil carnage de veaux, de moutons, de volaille et de gibier.

Au moral, c'était un ancien laquais,

fils de laquais ruiné, laquais industrieux, voleur, beau laquais. Il avait toute la subtilité qu'il faut pour éviter longtemps la prison ou la corde; avide, avare, il était capable de se montrer généreux, prodigue même, si sa prodigalité n'entamait son avoir que dans la proportion d'un dixième. C'est la part qu'il avait faite à ses passions ou à ses vices. Jamais homme n'avait menti avec plus d'impudence et de facilité. Il mentait même toujours : il se mentait à lui-même ; il mentait en rêvant. Après avoir eu pour principe que la misère est un état dont l'homme adroit peut vivre agréablement, devenu riche, il s'était dit que l'état de débiteur est aussi une profession, mais excellente, et dont l'homme habile doit vivre magnifiquement. Il s'était en conséquence appliqué, dès qu'il avait possédé un écu, à le serrer et à faire dix écus de dettes. Jamais cet homme-là n'avait rien payé. Il devait à ses amis, à ses maîtresses, à ses valets ; quant aux fournisseurs, on n'en parle pas. Du moment où il se vit à la tête de mille pistoles, il entretint un homme d'affaires, qu'il ne payait pas non plus, mais qui vivait sur les créancs comme l'insecte sur la plaie. Desbuttes, grossissant à la fois l'actif et le passif, finit par s'enrichir beaucoup.

Cependant, valet de chambre de l'archevêque de Paris, il payait quelquefois en billets d'entrée à l'Académie, aux *Te Deum*, au grand couvert de Versailles. Cette nourriture innocente trompe la faim des créanciers. Mais l'affaire des culottes de M. de Harlay lui rapporta gros, bien qu'il n'eût pas reçu une pistole sonnante ; il les avait vendues à Louvois par l'entremise de son compère La Goberge. Desbuttes et La Goberge, enfants perdus, étaient unis, dès l'adolescence, par une amitié qu'avaient cimentée cent coquineries.

Mais Desbuttes n'attendait qu'une occasion pour passer du coquin au voleur :

il avait jusqu'alors végété. Ses nouveaux rapports avec le grand ministre lui ouvrirent les idées. Il trouva en Louvois un homme qui faisait largement les choses et avait, pour *scélérater*, qu'on nous passe ce mot, les grands moyens et les belles paroles. Ainsi lorsqu'il s'agit de payer les culottes volées au prélat, M. de Louvois promena Desbuttes pendant près de quinze jours avec cette phrase :

— Vous me donnerez votre note.

Desbuttes fit la note et la remit une quinzaine de fois. Puis, ayant réussi à accrocher Louvois en un bon moment, et lui ayant faire lire la note, il en reçut ces autres paroles :

— Je vous ferai passer les fonds en temps utile.

Enfin, Desbuttes, aux abois, ayant imaginé de convertir le paiement promis par le ministre en une commission quelconque, Louvois importuné répondit :

— J'apprécierai.

Desbuttes se fit couleuvre pour glisser, puce pour sauter, punaise pour pénétrer, et il arracha sa commission au moment où Louvois, méditant sa gigantesque entreprise de Mons, cherchait partout des agens secrets, inconnus, zélés, pour la préparer en silence.

Desbuttes avait montré au ministre une telle soif de réussir, le succès d'un pareil instrument, si dégoûtant qu'il fût, était si assuré, que jamais défiance ne pouvait être placée à de plus gros intérêts. Desbuttes fit réussir le ministre, s'enrichit, réalisa, entassa, et grava profondément dans sa cervelle les trois paroles avec lesquelles M. de Louvois l'avait fait attendre, sans le désespérer:

« Donnez-moi votre note.

» Je vous ferai passer les fonds en temps utile.

» J'apprécierai. »

Un ministre fonde sur ces trois mots un crédit colossal ; mais ces mêmes mots appuyés sur un coffre-fort à large base, devaient permettre à un financier de ne jamais payer une obole. Desbuttes les adopta, se les assimila, en farcit son dialogue. Il lui réussirent merveilleusement soit dans les affaires, soit dans le particulier. On comprend combien il gagna dès qu'il eut mis cette monnaie en circulation, tandis qu'il enfermait les espèces.

On profite toujours à fréquenter les grands génies. Du génie de Monsieur de Louvois, Desbuttes n'avait pu retenir que trois mots, mais enfin il les avait retenus.

Ce magnifique seigneur était arrivé le matin même de Valenciennes, où il avait été rendre des comptes à l'intendant de la province. Il ne connaissait point la propriété dont il s'était rendu acquéreur sur la bonne réputation de la terre, et pour s'y installer avec éclat, il avait invité tout le voisinage à un repas immense que devait présider sa jeune femme, absente depuis leur mariage pour soigner son père auprès de Cambrai, et qu'on attendait ce jour même.

IX

OU DESBUTTES RETROUVE UN AMI, ET LE
LECTEUR UNE MAUVAISE CONNAISSANCE.

Desbuttes avait épousé Violette si précipitamment, dans la chapelle de Lavernie; comme on l'a vu, après la cérémonie, il s'était éloigné si vite sur un ordre de M. de Louvois, pour amasser secrètement des vivres, et embaucher des travailleurs, il avait tant gagné d'argent, ou volé, comme on voudra, dans cette opération mystérieuse, que le mari et la femme, beaucoup trop occupés chacun de son côté, ne s'étaient point revus et devaient bien réellement se marier en grands seigneurs de la maltôte, dans le nouveau fief dont Desbuttes venait de se faire acquéreur.

Or, depuis le matin, il visitait son château en compagnie du sénéchal et du bailli. Le sénéchal, un grand drôle tout gris ; le bailli, un petit museau de fouine. Il surveillait le repas commandé dès l'avant-veille, et rien ne lui avait échappé dans sa rapide investigation à l'exception d'une salle basse devant laquelle deux fois ses guides l'avaient fait passer, non sans une certaine affectation de ne point ouvrir la porte.

— Qu'y a-t-il là dedans, demanda Desbuttes en plaçant sa main sur la clé ?

— Rien, rien!... dit vivement le bailli.

— Rien, dit le sénéchal avec une mine sombre.

— Voyons ce rien! interrompit Desbuttes, qui donna un demi tour de clé.

Mais, alors, le sénéchal lui arrêta respectueusement le bras droit, tandis que le bailli lui saisissait, en s'inclinant, le bras gauche. Ils réussirent de cette façon, à l'éloigner de la porte.

— Chut! murmura le sénéchal, tandis que le bailli, plus réservé encore, appliquait son doigt sur sa bouche.

— Ah! çà, mais, dit Desbuttes, expliquez-moi cela; il y a donc à cette propriété un inconvénient que l'on ne m'a pas signalé? — c'est déloyal — j'ai acheté de bonne foi — voyons, contez-moi ce qui en est. Est-ce une oubliette? est-ce un simple éboulement? les murs auront tassé... y a-t-il des esprits?... çà, vous parlerez, j'espère.

—Monsieur, dit le sénéchal d'une voix si basse qu'on l'entendait à peine, l'inconvénient n'est pas grave...

— Tant mieux, dit Desbuttes, mais...

— Et il ne sera pas de longue durée, ajouta le bailli d'un demi ton plus bas que le sénéchal.

— Vous me réjouissez, mais quel est cet inconvénient?

— Quelqu'un habite là..., dit le sénéchal, en suppléant aux sons par l'éloquence exagérée des yeux.

— Comment! quelqu'un habite chez moi! s'écria Desbuttes.

— Hélas! oui, monsieur.

— L'une des chambres principales?

— La chambre d'honneur, monsieur.

—Mais de quel droit?.. puisque je suis propriétaire.

— Chut! s'écria le sénéchal!

— Chut! répéta le bailli.

— On entendit alors s'exhaler de la chambre interdite un soupir lugubre qui fit dresser les cheveux sur le crâne du traitant.

— Messieurs, murmura-t-il les yeux hagards, on égorge quelqu'un là-dedans.

— Plus maintenant, dit flegmatiquement le sénéchal.

— Non, c'est fini, Dieu merci, ajouta le bailli.

Desbuttes crut que ses pieds allaient s'enraciner dans ce lieu maudit; il s'élança hors du corridor avec des frissons, et ne se crut en sûreté qu'au grand soleil du parterre.

—Je pars!... mes chevaux..., balbutiat-il... mon argenterie... Je ne veux pas que Violette, que ma jeune femme entre ici... je me plaindrai, je ferai casser la vente...

— N'en faites rien! s'écria le sénéchal, vous manqueriez une affaire superbe, et vous vous mettriez un ennemi terrible sur les bras!

— Un ennemi?...

— Oui, monsieur, d'ailleurs le gentilhomme sera bientôt mort.

— Quel gentilhomme? celui qu'on assassine là, dans la chambre d'honneur?

— Il n'est que blessé, monsieur, nul ne l'assassine.

—Mais ce cri étouffé ? Serait-ce un chirurgien qui le panse ?

— Pas du tout ; il mourra bien tout seul.

— Alors, de qui me ferai-je un ennemi ?

— Voici l'histoire. Moi, sénéchal, j'ai trouvé au pied du mur du parc, il y a déjà long-temps, un homme couvert de sang. Qui l'avait apporté ? nous ne l'avons jamais pu savoir. Il était évanoui ; sa blessure était comprimée avec deux mouchoirs.

— Mais il est revenu à lui?

— Oui, monsieur.

— Et alors vous l'avez interrogé? vous lui avez parlé de son assassin?

— Oui, monsieur.

— Qu'a-t-il dit?

— Il a dit : M. de Louvois.

— M. de Louvois!... C'est M. de Louvois qui l'aurait assassiné!... Ce n'est pas possible!

— Dame! murmurèrent ensemble bailli et sénéchal.

— M. de Louvois a bien d'autres choses à faire que d'assassiner les gens.

— C'est ce que nous nous sommes dit.

— Vous auriez dû lui demander qui l'avait amené là, qui l'avait pansé d'abord ?

— Nous l'avons fait : il a répondu la même chose.

— Il a dit que c'était M. de Louvois qui l'avait secouru ? Eh bien, alors, ce n'est pas M. de Louvois qui l'a tué.

— Dame ! dirent encore les deux fonctionnaires.

— Mais il fallait éclaircir cela, continua Desbuttes.

— Dangereux ! murmurèrent les deux hommes.

FIN DU DEUXIÈME VOLUME.

# TABLE

### DES CHAPITRES DU DEUXIÈME VOLUME.

| | | |
|---|---|---|
| I. | — Le château de Lavernie (*suite*)....... | 1 |
| II. | — La colère de Louvois............. | 27 |
| III. | — Les Culottes de monseigneur de Harlay | 87 |
| IV. | — Échec au Roi................... | 144 |
| V. | — Orgueil et Volonté.............. | 163 |
| VI. | — Le facteur Brossman............. | 183 |
| VII. | — Échec à la Reine................ | 231 |
| VIII. | — Un Vilain petit Seigneur.......... | 285 |
| IX. | — Où Desbuttes retrouve un ami, et le lecteur une mauvaise connaissance | 305 |

Melun. — Imprimerie de DESRUES.

## SUITE DES NOUVEAUTÉS EN VENTE.

|  | Fr. | C. |
|---|---|---|
| **Les Coureurs d'aventures**, par G. DE LA LANDELLE. 3 vol. in-8, affiche à gravure, net : | 13 | 50 |
| **Le Maître inconnu,** par PAUL DE MUSSET. 3 vol. in-8, net : | 13 | 50 |
| **L'Épée du Commandeur,** par X. DE MONTÉPIN. 3 vol. in-8. | 13 | 50 |
| **La Nuit des Vengeurs,** par le marquis de FOUDRAS. 4 vol. in-8, net : | 18 | |
| **La Reine de Saba**, par XAVIER DE MONTÉPIN. 3 vol. in-8, affiche à gravure, net : | 13 | 50 |
| **La Juive au Vatican,** par MÉRY. 3 vol. in-8, net : | 13 | 50 |
| **Le Sceptre de Roseau**, par ÉMILE SOUVESTRE. 3 vol. in-8, net : | 13 | 50 |
| **Jean le Trouveur**, par PAUL DE MUSSET. 3 vol. in-8, net : | 13 | 50 |
| **Les Femmes honnêtes**, par HENRY DE KOCK. 3 vol. in-8, affiche à gravure, net : | 13 | 50 |
| **Les Parens riches**, par madame la comtesse DASH. 3 vol. in-8, net : | 13 | 50 |
| **Cerisette**, par CH. PAUL DE KOCK. 6 vol. in-8, affiche à grav., net : | 30 | » |
| **Diane de Lys**, par ALEXANDRE DUMAS fils. 3 vol. in-8, net : | 13 | 50 |
| **Une Gaillarde**, par CH. PAUL DE KOCK. 6 volumes in-8, affiche à gravure, net : | 30 | » |
| **Georges le Montagnard**, par le baron de BAZANCOURT. 5 vol. in-8, affiche à gravure, net : | 22 | 50 |
| **Le Vengeur du mari**, par EM. GONZALÈS. 3 vol. in-8, net : | 13 | 50 |
| **Clémence**, par madame la comtesse DASH. 3 vol. in-8, net : | 13 | 50 |
| **Brin d'Amour**, par HENRY DE KOCK, 3 volumes in-8, affiche à gravure, net : | 13 | 50 |
| **La Belle de Nuit**, par MAXIMILIEN PERRIN. 2 volumes in-8, affiche à gravure, net : | 9 | » |
| **Jeanne Michu**, *la bien-aimée du Sacré-Cœur*, par madame la comtesse DASH. 4 vol. in-8, net : | 18 | » |
| **Le Khalifa**, par S. HENRY BERTHOUD. 2 volumes in-8, affiche à gravure, net : | 9 | » |
| **Raphaël et Lucien**, par MICHEL MASSON. 2 vol. in-8, affiche à gravure, net : | 9 | » |
| **Le Trouble-Ménage**, par MAXIMILIEN PERRIN. 2 vol. in-8, affiche à gravure, net : | 9 | » |
| **El Ihoudi**, par S. HENRY BERTHOUD. 2 vol. in-8, net : | 9 | » |
| **Les Métamorphoses de la femme**, par X.-B. SAINTINE. 3 vol. in-8, affiche à gravure, net : | 13 | 50 |
| **Charmante Gabrielle**, par M.-J. BRISSET. 2 vol. in-8, affiche à gravure, net : | 9 | » |
| **Le Débardeur**, par MAXIMILIEN PERRIN. 2 vol. in-8, affiche à gravure, net : | 9 | » |
| **Nicolas Champion**, par S. HENRY BERTHOUD. 2 vol. in-8, affiche à gravure, net : | 9 | » |
| **La Famille du mauvais Sujet**, par MAXIMILIEN PERRIN. 2 vol. in-8, net : | 9 | » |
| **Un Cœur de Lièvre**, par MAX. PERRIN. 2 vol. in-8, net : | 9 | » |
| **Diane et Sabine**, par MICHEL MASSON. 2 vol. in-8, net : | 9 | » |

www.ingramcontent.com/pod-product-compliance
Lightning Source LLC
Chambersburg PA
CBHW060653170426
43199CB00012B/1776